知是派 | 回归常识 重新想象
ZHISHIPAI　COMMON SENSE & IMAGINATION

站桩去

从此桩功无秘密

武国忠 著

华夏出版社

图书在版编目（CIP）数据

站桩去：从此桩功无秘密 / 武国忠著. -- 北京：华夏出版社有限公司, 2025（2025.9 重印）. -- ISBN 978-7-5222-0898-5

Ⅰ．G852.1

中国国家版本馆 CIP 数据核字第 202518EZ84 号

站桩去：从此桩功无秘密

作　　者	武国忠
责任编辑	赵学静　张　平
责任印制	周　然

出版发行	华夏出版社有限公司
经　　销	新华书店
印　　装	河北宝昌佳彩印刷有限公司
版　　次	2025 年 7 月北京第 1 版 2025 年 9 月北京第 3 次印刷
开　　本	710mm×1000mm　1/16 开
印　　张	11.25
字　　数	100 千字
定　　价	78.00 元

华夏出版社有限公司　　地址：北京市东直门外香河园北里 4 号　邮编：100028
网址：www.hxph.com.cn　　电话：（010）64618981
若发现本版图书有印装质量问题，请与我社营销中心联系调换。

推荐序 | 壹

站桩功自二十世纪初拳学宗师王芗斋大力推广以后，现已成为武学及养生治病普及的练习功法。市面上有关站桩的书籍不少，不过大部分内容主讲拳术或养生，很少能两方面兼顾。

武国忠先生与我是意拳同门，相识多年，观察他一直保持认真治学精神，所以他能在拳医道三方面都得到顶级的传承，学问非常渊博。更难得他对保育及宣扬国学不遗余力，令人十分敬佩。

中国的学问在多方面都有其共通性，有所谓医道同源，拳与道合，一理通则百理明。细读此书，由于作者是拳医道三方面的高手，所以能从多方面的角度解释站桩的原理、练习方式以至迈向更高的丹道的梯航，对所有练习站桩的人士，无论初学或资深人士，为健康治病或拳术进修，一定都大有帮助，因此非常乐意推荐此书。

霍震寰

2023 年 8 月 12 日

推荐序 | 贰

我与武国忠兄相交多年，武兄学验俱丰，我深受其益。记得年前的时候，我们语音通信，聊了一会儿中医界的事儿，快结束的时候，武兄突然说了句："罗兄，一定要站桩，站桩真能改命啊！"

当时我们并没有聊这个话题，武兄突然一说，让我心中颇受触动，我想这是他由衷的感慨，后来我把这话仔细品味，觉得太有道理。

后来我做健康普及的时候，就经常传递武兄的这个"改命"的理念：其实很多严重的疾病，都是生活习惯不良导致的，比如你整日肥甘厚味，不锻炼身体，身体肥胖，但是你却无力调整。那最后大概率会痰湿瘀滞，气血不畅，很多严重的慢性病会找上门来，那么这个"肥胖 — 痰湿瘀滞 — 生病"就是你的命了，根据我的观察，其实有相当多的人陷入其中，无力自拔。

那么，怎么能走向健康呢？很多人寄希望于开方吃药。其实，这只是一个方面，因为多年不良生活习惯导致的问题，仅仅开方吃药是不够的，还有很多积弊是无法调整过来的。

此时，我多推荐大家，改变生活习惯，同时寻找一项能提升正气、锻炼整体机能的运动。这里面，站桩简直是天作之选，是老祖宗给我们留下的极其珍贵的财富。

很多患者，身体已经非常虚弱，视锻炼为畏途，所以总难有起色。但是站桩以简入繁，以静入动，非常容易上手，只要坚持，身体就会出现明显的改变。所以，我总是劝大家坚持，一个身体虚弱之人，坚持三个月就会有感觉，坚持半年，基本可以逆转原来的颓势，坚持几年，基本可以登堂入室，成为健康榜样。我想，这就是武兄所讲的"改命"的道理。

所以我对武兄此书的出版，感觉非常振奋，此书把站桩的方方面面，写得非常详细，有规矩，有心得，其中不乏不传之秘，武兄毫无保留，都一一道出，这是给站桩爱好者的一大珍贵礼物。如果有兴趣练习站桩的朋友，一定要认真研读，其间收获，一定无法估量！

最后，愿大家此生，都有一技傍身，可以保护自己和家人的健康！愿大家都走上健康的大道！

罗大伦

于海南

2023 年 8 月 15 日

自序 | 站桩改变了我的命运

我为什么站桩？

在接触意拳之前，我练了好几种拳。同样是练拳，人家一个姿势"啪"打下来，虎虎生风，很漂亮，我一起势，总觉得哪里不对，怎么练都不成。但是我的骨子里一直有英雄情结，也想上马杀贼，下马学佛，行走江湖。怎么办呢？我就再一点一点慢慢去找，直到看到意拳。

我一看，这个拳没有太多招式，站就能出功夫，又读了王芗斋先生的《拳道中枢》及其他拳论，一读就被迷住了，没成想我刚开始站桩的时候，也就是十几岁，一迷就迷到了今天，总觉得里面奥妙无穷。

比如说，在站桩摸劲儿的过程中，一举一动，跟外界都有牵拉。我一伸手，外人看起来只是悠悠回回的，实际上我的手指在无限地延长，倒过来，再推回去，环环相扣。

再比如站桩时，我的胳膊肘和肩是焊住不动的，用肘来推手，手还得要悬，一推一悬的奥妙在哪里呢？用指尖画圆，但这可不止一个圆，是六个，一个搭一个，脚下、膝盖、胯、肩、肘、手都在动，一环套一环。站桩最终练的是脚下的功夫。

脚底一抓一使劲，力量直接传到手指尖的梢节上，立刻手如钢叉，"啪"就起抓虎之势。过去叫什么？叫抓球，实际就是得把手指的梢节撑起来。

这些细节内行人不说，外行人看不出。

在师叔朱垚葶点化我之前，我的站桩基本功看似练得差不多了，但是只有珠子没有线。我知道手怎么摆、胯怎么坐、膝怎么弯，各种技术细节都到位了，就是穿不成串，练了多少年还是一盘散珠子。

有一段时间我去看王玉芳老师，都不敢聊拳。有一天，老太太就说了这么一句话："我看了，你也不笨，（练不出来）应该是跟这拳没有缘分。"

我听着这话，心里拔凉拔凉的。

她又说了："既然你这么喜欢这拳，我再给你介绍一个师父，就是你朱师叔，你上他那儿去再练练。要是还悟不了，也别难为自己。"

到了师叔那里，一百天后，我才真正明白了这个桩的真义。

他讲，练桩时脑子里就要有孟子那句话，叫"引而不发，跃如也"。换句话说，就是箭在弦上。要一直瞄着，待一松手，"啪"就出来了。我就是在那个瞬间，感觉自己一下子全贯通了。

当然，要完全得到混元力，也就是整体混元劲，可能要经过三回九转，有时候摸着了，然后又没了。最后整体贯穿的"啪"

的那一瞬间，不是次次做，次次总有的。若想要随时都能够让那一瞬间出来，还是要慢慢一点点去练，到最后随时一动"啪"就入了，就能贯穿整体了，否则出来的就是一拳一脚。王先生说过："不是一拳一脚谓之拳，也不是打三携两谓之拳……乃是拳拳服膺谓之拳。"拳拳服膺，便是拳在心中。

这个时候，我站桩时再问自己："为何有此一站？"答案便不一样了。

一开始是想做个英雄，到此时是因为感到快活，英雄气依旧，心里美了，浩然正气起来了。因着正气的滋养，躯壳里边就很通透了，行动坐卧都在桩里。此时站桩，不仅自己觉得美，别人看着也美，就够了。

师父王玉芳讲拳理

王芗斋先生1963年就去世了，老人家生前也没留下啥影像，我最初是从他的文字上入门，不停地对照他的文字找师父。最后找到了王先生的女儿王玉芳。

王玉芳老师教站桩，语言朴实、生活化，也更易懂。比如站桩这一抱，朱垚荸先生示范的时候叫"引而不发，跃如也"。王玉芳老师也这么一抱，说的是"这手抱个孩儿，这手挎个篮儿，孩子不能扔，篮子不能掉"。这几句话怎么理解呢？

抱个孩儿，胳膊上的劲儿是一松一紧，太松了孩子掉下来了，太紧了孩子不舒服；这篮子往下坠，沉啊，你敢扔吗？

你得提着,对吧?向上、向下都是劲儿。往回抱,往上提,这里边有大智慧,松、紧、提、抱全有了,多棒。

再比如,谈到两只手之间的距离,她怎么讲呢?她告诉你:"口要小,膛要大。"怎么就口小膛大了?我当时也不理解,听不懂,就觉得没信心了。

直到跟朱垚葶师叔习拳开窍后,恍然大悟,这可不就是"口要小,膛要大"嘛,你的手臂得撑圆了仿若抱住鼓,胸还得往上提,手得往回搂,这口可能大吗?

等理解了、体认了,才知道这是过来人的说法,人家在屋里边,你在门外边,你不知道他门里边是什么东西,等进了门了,才能跟人家同频同率,才能真的开窍。

再比如说,老太太管胳膊的劲儿叫"二棒子劲儿",一挂一勾,里边拧、裹、钻、翻全有了,都是靠腕子的旋转。

"二棒子"就是胳膊上的两根骨头,尺骨和桡骨。打人实际上都是用"二棒子劲儿",这个说法很朴素但很准确,它也叫"天地劲儿"。王玉芳老师得了父亲的真传,说的都是很生活化的语言,深入浅出。

我十几岁学拳的时候,年轻气盛,还误解过老师。后来明白了,自个儿都抽自个儿嘴巴,她教拳用的方法多实在啊。

我还记得有一次,我问老师怎么发力。她讲了一句:"你去河边找棵柳树,把柳条从根上一整个给它拽下来,你从树梢上'啪'一抖,让力传导到根上,'咣'就给它断开。一定别把树皮薅下来。这一扽的感觉,就是发力。"老师说得多形象啊。

力从手里能传到柳条的根部是很不容易的。要这里对,那里也对,还要节节贯穿,要是没贯穿,一发力,一拧,就折了。实际上拧的是脚下,脚趾抓在地上一拧,一翻,劲儿得是整的。那怎么能做出来?很多关节处要焊住,比如铆肩焊肘,肩肘在这一瞬间都是不能动的。还有手在什么情况下动?什么情况下不能动?细节很多,常常是差之毫厘,谬以千里。

我行医都是从拳学悟道

我17岁开始学中医,先学了拳后学医,拳和医是通的,都是中国文化的分支。我在中医里,算是个另类。大家常常一看我开的药方子,读不懂,看不明白,让人费解,但是有效。原因便是我行医的核心思想其实都贯穿着王芗斋的拳学思想,我的医道从这里借鉴,也是在这里开的窍。

中医讲虚证、实证,拳道也讲虚实。王芗斋先生在《拳道中枢》里说:"松紧紧松勿过正,虚实实虚得中平。"

我认为中医在用方的时候也不能一虚到底、一实到底,一定是虚实夹杂,要保持它的平衡,这与王芗斋先生所讲的拳术也是异曲同工的。

我不敢说自己站桩后得了多大智慧,但是我觉得最起码站桩使我这样一个从小一路懵懵懂懂的人,学拳开了窍,行医也开了窍,到现在还能干点事儿,做得还比较好,可以说都是受益于站桩。站桩改变了我的命运,让我看问题的方法、角度、格局都不一样了。

王芗斋先生讲,习拳首先贵在明理,理不明,"无异抱石卵而盼司辰"。道理如果都不清楚,就好比老母鸡抱着石子,永远也孵不出小鸡。先要明理,把重点抓住了,若是因为眼高手低没跟上就慢慢磨。做,就是得到。

站桩可以提升智慧这一点,很多人觉得无法理解。那我问大家一个问题,智慧的精进是如何发生的呢?前提就是欲望减少了,不畏浮云遮望眼,自缘身在最高层。

站桩时心静下来,杂念去掉,慢慢看问题就能清晰明了,再加上思考,时时问自己为什么有此一站,又为什么有此一动,过了这个阶段,便会一得永得。

《易经》中讲"寂然不动,感而遂通",这句话到了《黄帝内经》里就有了具体的实现方法,叫"提挈天地,把握阴阳,呼吸精气,独立守神"。这16字心法由站桩而落到实处,通过站桩来调人的神,调人的心,调人的呼吸,调形、调神、调息。

提挈天地怎么提?你头顶天,脚踩地,上面有上面的劲儿,下面有下面的劲儿。

怎么把握阴阳?两手一抱就是把握阴阳,胳膊腿上都是松紧有度、有张有弛的。

呼吸呢?呼吸的是精气,一往一来。

独立守神就是站着别乱动，守着，看着，把心神装进去，你得牢牢守住自己的心，别让它老往外跑。

这话到了老子那里就更具体了，只有四个字："抱元守一。"一是什么？就是混元，就是不二。就像宇宙大爆炸，不是两样东西争来争去炸了，而是一个完整的混沌状态，所有"炸药"搁里头，分不出你我他来，都是一体的。人体悟了混元，就返回了先天。

站桩是要收心的，正如《礼记·大学》中所言："知止而后有定，定而后能静，静而后能安，安而后能虑，虑而后能得，物有本末，事有始终。知所先后，则近道矣。"格物致知，就能回到本质了。

这也是为什么道家认为静功才是真正的长生功，整个宇宙都是动的，想认清宇宙天地就得观察，不能它动，你也动。要静静观察日出日落、雷雨星辰、风花雪月、山川河流、男女老幼、雌雄强弱……体会世间万物的规律，与万物沉浮于生长之门。

人跟万物是一体的，要用自己的能量心思去关照物，但也不能为物所累。现代人对物质的依赖，已经让物质成为拖累。想要之物，拥有的那一刻心生喜悦，但往往瞬间即逝，越是得不到心越烦。木心先生在《从前慢》中写道："从前的日色变得慢，车、马、邮件都慢，一生只够爱一个人。"那个感觉中有等待的过程，有孤独的体悟，经历过后而得到的喜悦会很长。现在大多数人很难跟自己相处，一个人待着难受，一分钟都待不了，心理问题频发。

站桩站到最后，你就知道天地人是怎么回事。所谓生命、做人就是个过程，就是一场修行。人的一生都是一段一段来修行，一段结束了，还有下一段，一程接一程，占据着浩瀚宇宙整个时间、空间的一个小节点。有的人空间大、能量大，干一番大业，有的人空间小，能量小，做一些小事。人人自带能量和定数，都是这么一段。

人从出生到死亡，不修行是不安定的，心会找不着家园。一部分人修明白了，踏实了，心就定了，便会得到一种依托、一种信念。

此书的出版，要感谢义母王玉芳老师多年的用心栽培，感谢朱垚荸先生毫无保留的悉心传授，感谢霍震寰、薄家骢、夏成群等诸位师兄的及时点拨。亦是他们，使我在习拳过程中遇到的瓶颈得以突破，在此向他们致以衷心的感谢。感谢霍震寰师兄赐序、薄家骢师兄赐跋，感谢好友罗大伦兄赐序，也感谢本书的策划齐文静老师及编辑朋友们的付出，在此一并致谢。

武国忠
于京郊温榆河畔听息楼
乙巳年春分

上篇 桩功讲记

第一章

站桩：养身、养心、养神之静功

修复：启动人体大药，重建内在平衡　　5

疏通：缓解长期紧张，体悟松静自然　　8

激活：调动全身大穴，调畅人体气血　　10

收心：修身正己回神，启迪人生智慧　　12

养命：博采百家之长，延年益寿之功　　15

第二章

桩法溯源：中国人的文武之道

洞见：王芗斋先生的一生探索　　23

传承：从心意六合拳到意拳　　26

境界：可刚可柔、充满写意的书生拳　　29

一通百通：武术与艺术的奥秘　　33

误区：练拳首要在站桩，忌被套路迷了眼　　38

打破门户：从密不外传到公之于众		41
破旧立新：从低桩到高桩的变革		44
混元之道：站桩的原理法则		47

第三章

桩功奥秘：站桩到底站什么？

气：	小腹松圆，调顺气息	55
意：	反观内心，消解妄念	58
形：	臂如抱鼓，心生恭敬	62
力：	环环相扣，回归本源	63
通：	持中守中，美美与共	69
练成：	动静得宜，身心合一	73

下篇 桩功实操

第四章
桩姿详解

一、整体桩姿

整体桩姿导图   85
【延伸】站桩功效：不动之中有大动   86
【延伸】站桩准则：形意相通   89

二、桩姿分解：立

1. 标准：平均中正   92
2. 动作要领关键词   93
3. 立姿详解   94
   【答疑】腿脚常见不适：膝关节疼痛、腿抖、手脚麻胀   98
   【延伸】相关重点穴位讲解：承山穴、足三里穴、公孙穴、太白穴、三阴交穴、太冲穴、涌泉穴   102

三、桩姿分解：抱

1. 标准：里撑外裹   108
2. 动作要领关键词   109
3. 抱姿详解   110
   【答疑】上身常见不适：肩硬、疼痛等、蚁行感、打嗝   114

【延伸】相关重点穴位讲解：肩井穴、　116
膏肓穴、膈俞穴、膻中穴、劳宫穴、
合谷穴

【延伸】不同抱姿：提抱式、扶按式、　120
分水式

四、桩姿分解：头、面

1. 标准：四容　　　　　　　　　　124
2. 动作要领关键词　　　　　　　　125
3. 头、面动作详解　　　　　　　　126

【答疑】头面部常见不适：流眼泪、　130
疼痛

【延伸】相关重点穴位讲解：百会穴　131

五、桩姿分解：呼吸

1. 标准：细慢匀长　　　　　　　　132
2. 动作要领关键词　　　　　　　　133
3. 呼吸要领　　　　　　　　　　　134

【延伸】相关重点穴位讲解：神阙穴、　136
关元穴、带脉

六、整体法则

1. 练提不练顿，感知矛盾力　　　　140
2. 虚中求实，以意控形　　　　　　142
3. 以形控意，以意固形　　　　　　144
4. 舒适得力，循序渐进　　　　　　145

七、站桩前的准备

1. 调整脊柱关节　　　　　　　　　146
2. 解除束缚　　　　　　　　　　　147
3. 找准时间和时段　　　　　　　　148
4. 选对环境　　　　　　　　　　　149
5. 把握朝向　　　　　　　　　　　150
6. 热身　　　　　　　　　　　　　152

八、收功

1. 反抱球式　　　　　　　　　　　154
2. 推心置腹式　　　　　　　　　　155

上古有真人者,提挈天地,把握阴阳,呼吸精气,独立守神,肌肉若一,故能寿敝天地,无有终时。

——《黄帝内经》

桩功讲记

上篇

站桩不仅能让我们的身心平衡协调，精力充沛，而且还能够开阔思维，训练人的基本素养。曾国藩认为静心读书足以养病，读书可以改变人的气质。同理，静心站桩也足以养病，亦可以改变人的气质，甚至还能够启发人的智慧。

站桩
养身、养心、养神之静功

第一章

［宋］李唐《艾灸图》（局部）

修复

启动人体大药，重建内在平衡

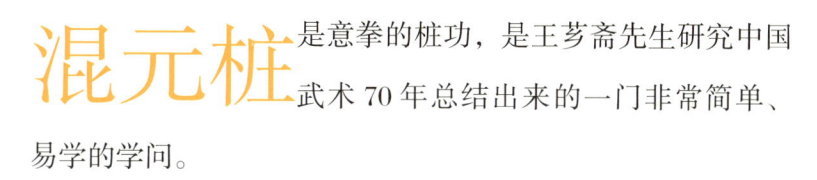

混元桩是意拳的桩功，是王芗斋先生研究中国武术70年总结出来的一门非常简单、易学的学问。

这门学问把武术的技击、医疗、康复、养生、保健、开发智慧等融为一体，形成了以"意"为主，以"形"为辅的独特强身法，让人在锻炼中得到休息，在休息中得到锻炼，可以调整人体神经系统的机能、促进血液循环、加强新陈代谢，对保持健康、治疗疾病具有显著效果，而且没有门槛，人人都可以学习。通过站桩，能够开启自身的"大药"，让我们的身心获得意想不到的健康。

那这个"大药"究竟是什么呢？用中医的说法是阴阳调和，通俗说，就是内在平衡。

人体力求保持平衡的能力是与生俱来、自觉自发的，我们可以称为"先天平衡力"或者本能，相当于西医说的"免疫功能"。比如腰酸、背痛、普通感冒等自限性疾病，即便不打针不吃药，一般没多久也能好，实际上就是它在起作用。

人们平时的养生保健，比如锻炼、注意饮食、补充微量元素、修身养性，其实都是在增强这个先天平衡力。

上古长寿之人懂得顺应四时而养生，身体总是处在平衡状态，而现代社会中的人生活节奏很快，工作压力又大，不太可能像古人那样养生，所以我们大部分人的身体，不平衡是绝对的，平衡是相对的，不同程度的不适症状总是伴随着我们。当我们的先天平衡力因后天失调而受损，不平衡由小变大、由量变发展为质变时，人体就会出现大的病变，要么突发恶疾，要么百病缠身，就像一辆零件受损的汽车，走不了多久就会散架。这时我们就要借助外力来恢复平衡，例如求助医药。

可以说，医生在解决疾病时的主要任务就是要运用一切可能的手段调动人体的平衡力。古往今来，中医砭、针、灸、药采用的实则泻之、虚则补之、寒则温之、热则凉之，都是在用外在的手段使人体恢复平衡状态。但这些外在手段对养生来说都是锦上添花，而不能启动人体真正的大药。甚至有些药会让人产生依赖、出现耐药性等不良反应，带来新的问题。

现代人逐渐意识到要从生活方式上做调整，减少药物依赖，通过饮食、作息、运动全方位的调节来养生。生活水平提高了，健身养生的方法丰富多彩，有人就问："跳绳，摔跤，踢毽子，打羽毛球，练瑜伽、太极拳、八段锦、易筋经，那么多项目可以选择，我为什么非得要站桩啊？"

我要告诉大家，因为它是最简捷、最快速帮助我们建立自身平衡的一种运动，能让我们在动静之间深入体会身体哪个部位不平衡，从而进行自我诊断、自动调节，解决不平衡问题，让体内气血恢复良好运行。

通过多年的站桩体认，我发现在内心清静、恬淡虚无的状态下，静极生动，确实能感受到体内的真阳发动、真气运行。这种真气的运行，不是人为的导引，而是自然生发的，这才是真正能治百病的大药，而且人人都有，不假外求。明白了这个养生的秘诀，每天抽出一定的时间来站桩，毫不夸张地说，人人都可以免去求医问药之苦，获得一生的健康，这是天下最划算的事了！

疏通

缓解长期紧张，体悟松静自然

站桩之所以能够疗愈身心，就在于它能疏通经脉、调和气血，令血液循环畅通、新陈代谢旺盛，润泽全身，各脏器及其细胞功能都会获得加强，同时增长体能，延缓衰老，使人恢复阴阳相交、心神合一的先天平衡状态。

这种先天平衡的状态，也就是老子所讲的"抟气至柔，能婴儿乎"，这种至柔之气才是婴儿的本能状态。

这种状态通俗一点说，就是俗语中的"初生牛犊不怕虎"，这是一种生命的自然本能，没有分别心，没有危险的概念，对周围环境完全没有防护意识。人处于混沌状态时，身心都是放松的。即便遇到外界的刺激会出现本能的紧张，但当刺激解除后，身体马上就能恢复到自然松弛的状态。保持这种状态，人是健康的，但显然很难做到。

有人做过这样一个实验，把一个小婴儿放在一些沙子上，让他休息一会儿或者睡一觉，再把他轻轻抱起来，留在沙子上的是全身的印记。而在成年人身上做相同的实验，沙子上只会留下明显的肩胛和臀部的印记，这是因为成年人身体的其他部位长期处于肌肉紧张状态，所以没有留下印记。

人在成年以后，理性成熟，七情六欲增多，危机意识、竞争压力增强，久而久之会陷入一种习惯性紧张中，也就是无意识紧张的状态，导致无法自然放松。长此以往，便会出现腰酸背痛、肩膀僵硬等表现，身心俱疲。

颈椎病患者，大都会呈现出"铁板肩"的状态。所谓"铁板肩"，就是左右两肩的软组织异常坚硬，如铁板状，很僵、很紧。长期处于这种"铁板肩"的状态，会使人出现颈椎椎体因为肌肉过度牵拉而错位导致的颈椎病。我在临床上经常见到的很多铁板肩(颈椎病)患者。他们在就诊过程中，肩部一直耸着，站着耸，坐着也放松不下来，已经形成惯性了，这就是典型的无意识紧张状态。在这种状态下，人的双肩会不自觉地上耸，消耗的不单纯是体力，还有心神，也就是阳气。气机上浮，郁结在胸膈沉不下去，造成虚火上升，产生胸闷、心烦、易怒、头晕等一系列不适症状，严重的还会造成心脑血管疾病。治疗这些症状时如果不从根本上消除这种无意识紧张，无论用多少药，都只能缓解一时，无法根治。

这类由无意识紧张带来的健康问题，靠我们自身去觉察是非常困难的，但大都可以通过"抱住健康"的站桩来解决。

激活

调动全身大穴，调畅人体气血

有人会问，既然很累很紧张了，躺着不是更放松吗？为什么还要去站桩？

站桩虽是保持一个固定的桩姿，却能够调动全身的大穴，快速激活人体气血，几分钟就会让人感觉肩胛发热、发沉，手心、脚心也会发热，继而感觉全身气血都在涌动，全身出汗。运动量其实是很大的，但又不会让我们心跳加快，这是静中之大动。将肢体的运动量缩减到最小，而气血的运动达到最充分。

我们之所以感到疲劳，是因为气血不足了，而站桩能让人在锻炼中得到休息，在休息当中得到锻炼，是一个非常科学的养生方法。这种对运动的独到理解、对人体的独特认知，正如王芗斋先生曾经所言："我始信这个东西就是中国人独有，他国所无。"

这样一来，就等于把调畅气血的方式极简化了。好比一辆高级轿车，发动机没有声音，也丝毫不发热，机械效率近乎100%，这样的轿车目前世界上是没有的。但通过站桩来养生，我们的人体快车就很可能达到这么好的性能。站桩可以扶助人的阳气，打通经脉，令人体气血散布全身、循环往复。这样人体的四肢百骸、五脏六腑才会干净健康，四肢才能灵活有力，运动效果比很多补药都好。

收心

修身正己回神，启迪人生智慧

古人所有的学问都是先为自己，自己受用了、吃透了，然后再为别人。若自己都不受用，肯定是没有说服力的。在我看来，站桩的学问流传到今天，称得上是一个非常好的克己复礼、修身正己的入门学问。

所谓"克己复礼"，"礼"是一种规范，克己复礼，就是时时要提醒自己，让自己的行为与前人总结下来的良好行为规范相近。可是，我们现在很多人规矩都不要了，比如行走坐卧都不讲规矩，站没站样，坐没坐相，后天习惯不良，导致颈椎病、腰椎病高发。所以，我们不要一味地去埋怨手机电脑，这么好的生活条件没有错，问题是很多人把好规矩弄丢了，生活、饮食、作息习惯完全违背了自己的身体意愿，导致疾病丛生。而站桩就是要把这个规矩传递给大家，让大家回到"礼"中，找回健康。

所谓"修身正己"，老先生们讲什么是修行，第一件事就是先回"家"做自己的真主人，你只有"回家"了，才能知道桌子上有土，花盆里有黄叶了，对不对？你观察到了，然后收拾收拾，这健康不就来了嘛。如果你不管它，你老不"回家"，这屋子风吹雨淋的就全完了。所以，先得做自己"身宅"的主人，"身宅"就是我们的"神"所居住的屋子，这个"神"你可以理解为思想或意识。

站桩为什么能治病？一个经常能关照自己"家"的人，家不会不好。不是说站着就什么都能想开了，而是你能不能主导自己的意识，控制自己的肢体。古人讲"天君泰然，百体从令"，意思就是心情泰然时，身体的各个部分自然地会听从使唤。身体的守护神正是我们的意识。

很多人往往会忽略这点，人在家，心还在单位，一味耗散自己的意识从不滋养。先贤常说，把心收到腔子里，就是收摄心神。中国文化的修习是先要找回自己，是向内心看。我们要将自身的意识开源节流才行啊，善养神的人才能长寿。

当然，如果你认为站桩只是强身健体，这个认知仍是不足的。

站桩不仅能让我们的身心平衡协调，精力充沛，而且还能够开阔思维，训练人的基本素养。曾国藩认为静心读书足以养病，读书可以改变人的气质。同理，静心站桩也足以养病，亦可以改变人的气质，甚至还能够启发人的智慧。

在启发智慧这点上，很多人存疑，然而只有练了才能体会。当你站到一定程度，思维方式会发生改变，开始学会灵活变通地去观察和思考，在实践中用改变后的思维方式去处理事情，效率一定会不一样。我自己就从站桩中深深受益，很多人说我开的药方很另类，其实都是开窍于这个桩法。

希望有缘学习站桩的诸位一定要用心去练，早有收获。

养命

博采百家之长，延年益寿之功

王芗斋先生出生于清朝末年，很小的时候就得了顽固性哮喘，身体极度虚弱。中医有句话叫作内不治喘。小儿哮喘即便在今天，也是一种不容易治愈、极易反复的病症，在当时更是很难找到办法根治。万般无奈之下，家人把八岁的王芗斋送到著名的形意拳大师郭云深先生家中，希望通过习拳来强健身体。

郭云深先生是形意拳界一位承前启后的人物，以"半步崩拳打天下"而独步武林，有"不倒翁"的美誉。王芗斋非常聪敏，又很刻苦，郭先生非常喜欢他，把形意拳中的不传之秘"站桩功"传授给了他。得益于此拳术，王芗斋病愈功成，成为一代武学大家，达到了意拳的大成境界。

新中国成立后，王芗斋先生将一身绝学尽数传授给了女儿王玉芳。王玉芳先生88岁高龄时仍然精神矍铄，高兴时还能做几个发力动作，功力丝毫不减。据我统计，意拳门内练桩功的人，平均寿命是90余岁，现在还有几位近百岁的老先生，可见桩功的神妙！

《黄帝内经》中的"上古有真人者，提挈天地，把握阴阳，呼吸精气，独立守神，肌肉若一，故能寿敝天地"的说法，正是记载了上古真人的桩功。可惜具体的锻炼方法不见于文字，一直通过口传身授传承。王芗斋先生在得到了郭云深先生的真传之后，四处游历拜访高人，博采百家之长，结合《黄帝内经》的要义和拳学的基本功夫及自己数十年的研究，创立了这种动静相间、内外温养的站桩功。

　　20世纪40年代，王先生在当时的太庙（如今的北京市劳动人民文化宫）公开教授站桩功，不少人慕名而来，其中不乏身体虚弱、重病缠身、无钱求医问药之人，桩功可用于防病、治病、健身、延年。老先生根据学习者的特点，设置站桩、坐桩、躺桩等不同架式，让人们轻松入门。

　　随着时间的推移，人们发现，简单的桩功不但能强身健身，还能对肠胃病、肝脏病、心脏病、肺病、神经症、关节炎、高血压、半身不遂和妇科、眼科等多种疾病有疗愈作用，太多人由此改善了健康状况，他们用亲身体认验证了站桩就是改命养命的宝贝，也印证了王芗斋先生所说：

"不学拳的是不要性命的傻子！"

无论过去还是现在，追求健康长寿的人不少，很多人练站桩也有此目的。著名中医师胡海牙先生说过，要有敢于追求长生的想法，如果连想法都没有了，那不成。古人不成的，今人不成的，不见得未来的人不成，要留有希望。

《黄帝内经·素问》中讲到，上古之人"尽终其天年，度百岁乃去"，其秘诀便在于"法于阴阳，和于术数，食饮有节，起居有常，不妄作劳，故能形与神俱"。

时代的飞速发展也造成了很多心理问题，人们精神耗散，无法专注，专注力将成为所有商家掠夺的最高级资源，也是每个人拥有的最宝贵的资源，媒体时代各种诱惑从眼、耳、舌、口、鼻、意全方位包围一个人，充分调动人的欲望，要想拒绝就要花去很多力气，处处是耗散，难有滋养。

站桩就不一样，是滋养取悦自己。为什么能治病？因为它会让你想美好的事情，让你感到舒适得力。

咱们看"药"字是怎么写的。古汉语中小篆体的"药"字是两棵草下边加一个快乐的"乐"。站桩，就是双手抬起站若抱鼓，正如那个"乐"字。

什么是"人体大药"？所有让你舒服、让你美、让你开心的都是药。

站桩实际上是储存能量。拳击也好，跑步也好，跳绳也好，都是会让你心跳加速的，站桩则丝毫不会，能量不外溢，心脏不加快，连呼吸都顺畅。

故阴阳四时者，万物之终始也，死生之本也。逆之则灾害生，从之则苛疾不起。是谓得道。

——《黄帝内经》

中国古代人把书画最高级的形式叫写意，就是把人的精神通过书法跟绘画的形式表现出来，让大家去感受，武术其实也是一样的。意拳本身是很美的，内核就是文武之道达到一定极致以后的相通。

桩法溯源
中国人的文武之道

第二章

[明]唐寅《烧药图》（局部）

洞见

王芗斋先生的一生探索

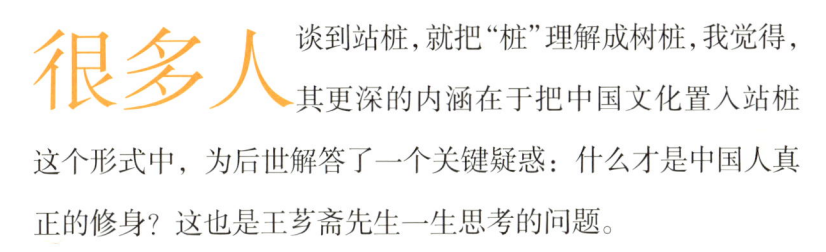

很多人 谈到站桩,就把"桩"理解成树桩,我觉得,其更深的内涵在于把中国文化置入站桩这个形式中,为后世解答了一个关键疑惑:什么才是中国人真正的修身?这也是王芗斋先生一生思考的问题。

清末,北京城有一个非常厉害的武林高手,叫程廷华,是八卦掌的传人。王芗斋先生十几岁时就见过程先生练拳,程先生出神入化、精彩绝伦的拳法让他印象深刻,异常敬佩。1900年的一天,程先生见到有八国联军士兵欺负中国人,见义勇为,救了同胞,却被一大队持枪的八国联军士兵开枪杀害。

这件事当时在武术界引起了不小的震动,王先生得知后,内心的悲痛和愤怒无以复加。后来,他在著作《拳道中枢》(又名《大成拳论》)里以及在答记者问时多次提到这件事,数次表达过对程廷华先生高深武功的景仰和猝然离世的惊愕惋惜。也是这件事,触动习武为生的王芗斋对于拳道有了新的思考。

后来,有年轻人找王先生学拳,王先生都要先问问:"你跟我学拳的目的是什么?"如果年轻人说:"我要报仇。"王

先生会说："你要报仇别找我，一出门就有卖菜刀的，你买个菜刀比我这拳厉害。"

他已经认识到，在坚船利炮横行的热兵器时代，赤手空拳是解决不了问题的，要解决问题必须振奋民族精神。那如何振奋民族精神呢？他认为首要的，就是国人要有一个强壮的体魄。这一观点和毛泽东当年以笔名"二十八画生"发表的那篇《体育之研究》中提出的"文明其精神，野蛮其体魄"，有异曲同工之妙。王芗斋先生始终有一种忧国忧民的意识，很早就从提升民族精神的高度来开拓拳理、思考拳术。

清末民初，像王芗斋、尚云祥、孙禄堂这样有修为的武术家凤毛麟角，在那个从冷兵器向热兵器演化的时代，武术在他们身上达到一个无法逾越的高度，此后基本上就衰落了。

时过境迁，所有事物都是随着时代的变化而变化的。"修身"二字，也不例外。

王芗斋先生一生对于武功的传承和思考，得益于他少时的习武经历，还有当时战乱时南下沿途遍访武林高手的切磋心得，以及在漫长岁月中对于时代浮沉的体会观察。最终他打破门户之见，为世人留下了中国拳术最精髓的东西。

经过多年的习武体认，传统形意拳在王芗斋先生手中开

始脱胎到意拳、大成拳，再到拳学，到最后，他连"拳学"二字也不讲了。新中国成立以后，老先生删繁就简，从整套武术中筛出一个桩，只保留下这一个桩。

这是老先生对时代、文化和生命一生探索后的洞见：治病、养生、延年，站桩就够了。

传承

从心意六合拳到意拳

王芗斋先生开创的站桩，是由传统形意拳的站桩演变而来的，叫"意拳混元桩法"。可能大家看到这里会想，又是形意拳，又是意拳，这二者到底是什么关系呢？

形意拳的前身可以追溯到心意六合拳，这种拳法主要是在山西盛行。

清朝中期，河北武术家李洛能到山西，跟随戴氏家族学习传统的心意拳，学成后又回到河北传播，王芗斋先生的师父郭云深就是李洛能的弟子。李洛能认为"心意"二字不能完全概括这套拳法，于是将"形"的重要性也添加了进去，将其命名为"形意拳"。

传统的心意拳练法颇多，但都需要"全凭心意用功夫"，要求式子要对，心要对，意也要对。心也好，神也好，意也好，其实都是相近的意思，都可以统一称"意"，心意拳的命名方式中，心和意说的是一个东西。而形意拳的含义更广一些，既有外在的形势气魄，又有内在的神机豁然，内里的心神通过外在的肢体动作表现出来，内外高度统一，追求形神兼备。不得不说，这样的表述更加精准。事实上，这个拳练到一定程度以后，"形神俱妙，与道合真"，做出来是非常有气势的。

1928年，王芗斋先生写了《意拳正轨》一书，虽然主要内容讲的仍是传统的形意拳，但他在书中，将概念简化成了"意拳"，这是为什么呢？

王先生在上海创立了服膺意拳社，他在传授拳术的过程中发现，习拳之人大都注重追求"形"的正确，把每一个姿势固定得很死，丢弃了形意拳中的"意"这一根本。因此他着重提出，在有形的同时，一定要把意识灌入其中，把神和意也体现出来，才称得上"形意"。可是他的强调并不奏效，学生听后浑然不觉，照旧只在体式上下功夫。

于是，他就想了一个矫枉过正的办法——索性把形去掉，先说意的事。他让学生们站定不许动，用意识把拳打出来。

严格地说，当时这些学生习拳日久，形已经很棒很扎实了，只是意不足、神不够，需要重点加强一下这方面的练习。但后来很多人又走了另外一个极端，把形给扔了，只在乎意。连站桩最基本的整体力量都没了，何谈意？形、神、意、气、力、法，这六点是要合一的。只练形不对，只练意也不对，无法融会贯通，这些都不是王芗斋先生的初衷。

提出"意拳"之后又过了很多年，王先生当时在会友时演示意拳，神韵飘逸神勇，浑然浩荡，众口称赞，气势能鼓荡在场的每一个人。当时武学大家评论王芗斋先生的拳术已经达到大成的境界了。

这时，有人建议："王先生，名家点评您练拳已经达到大成境界了，这套拳法干脆就叫大成拳嘛。"

王芗斋先生当时60多岁，也正是事业大成的时候，功夫和修为确实达到了一个相对的高度。这个说法不知不觉便传开了，并得到了当时媒体的报道，"大成拳"这个名称便被传扬开来。

王芗斋先生也曾经写过《大成拳论》，但他后来觉得"大成拳"三字代表不了这门拳术，"大成"这个帽子也确实太沉重，遂主动把"大成"二字取消，以拳学来称呼他的这门学问，将原来的《大成拳论》修改为《拳道中枢》。

境界

可刚可柔、充满写意的书生拳

形意拳在流传过程中，后人对其进行了很多的演绎，加入了仿生象形的内容，即所谓"象形而取意"。模仿的动物有龙、虎、猴、马、鼍、鸡、鹞、燕、蛇、骀、鹰、熊共十二种，重点运用所取动物的进攻技巧，不求像形，但求意真。

比如猴形，取猴身上灵活的巧劲儿；再比如熊形，看着很笨，猛然一拧一挑，这股劲儿就出来了。风格是顾中带打，打顾一体，"打"是进攻，"顾"是防守，有"不招不架，就是一下"之训。名家交手如电闪雷鸣，一两秒定胜负是高手，三分钟定胜负是庸手，三十分钟定胜负则是打赖架。

传统形意拳的动作中正不倚，打法可刚可柔，不同体质的人都可练习。其拳势恢弘，力道刚猛，上手快，实战性强。

形意拳讲究内功的训练，在应敌时要求以意念调动出体内的最大潜能，以意行气，以气催力，在触敌前的一瞬间发劲，调动全身整体的混元之力，将储存在人体内的共和之力聚于一处，形成爆发力。而且要求肘部不得伸直，这也缩短了出拳距离，使得形意拳具有较强的穿透力，往往可对敌人的内脏造成伤害。所以，形意拳的高手们在一般情况下绝不轻易出手，也不敢轻易出手。

在我们这些追随王先生的传人看来，严格地说，意拳完全称得上"书生拳"，如果没有一定的文化素养，或者说修养达不到一定高度，根本理解不了它的拳理拳论，这些真髓绝不是练习者简单地在形式上模仿一下就能体悟到的。

比如郭云深先生的拳论里边，有"炼精化气、炼气化神、炼神还虚"几个步骤，这些都是道家的思维体系。而王先生在《拳道中枢》中直接用到了《庄子·齐物论》中的"得其环中，以应无穷"。

民国时有一些道家修炼高手跟王先生交流说："这是真正的古道家之静功啊！"王先生也认可这个说法，功夫最终都是人生境界和修为的外在展现。

20世纪40年代初，日本柔道五段、剑道四段泽井健一慕名而来，与王芗斋先生较量。他年轻力壮，很有自信，但反复数次比试都以失败告终，每次感觉都是被轻打，但心脏部位就像触电一样刺痛，同时伴有一种奇特的震动又恐慌的感觉。他不甘认输，就改为比剑，王芗斋用一短棒迎战。泽井使尽绝招，仍无一胜。自此，他拜到王芗斋先生门下学习意拳。后来泽井健一回到日本弘扬意拳，并根据实际情况将其更名为"太气拳"，声名大噪，被日本武术界公认为"拳圣"。

再后来，日本柔道六段八田一郎也前来与王芗斋先生比试，八田欲抓先生手腕，两手才一触，立刻抖得腾身离地，撞在身后的墙上摔倒。那一触就是王先生常说的，意拳打人要使得被打倒的人有一种舒服感，甚至主动要求再挨打。

这种今天人们觉得天方奇谭的观点和拳术理解，就是老先生拳术炉火纯青的表现。他能够精确地掌握发力方向与力度，想让对方落在哪里，对方就落在哪里，想让对方有什么感受，对方就有什么感受。重力可以一拳毙命，轻力不但不痛，还会使人觉得不可思议。

后来我们在读郭云深老先生传下来的老拳谱时，总是读不懂书里的"明劲、暗劲、化劲"，这也只是一百多年前的事啊。读不懂是因为我们丢东西了，在哪儿丢的？在文化上。当时那些真正练拳的人，像李洛能先生、王芗斋先生，他们的文化素养都是很高的。

拳谱是高度智慧的结晶，是他们用自己的身心来与拳法互相体认的总结，是一门天地人相融合的学问。

很多人浅显地认为，练武之人会一身杀气，面貌可怖。有句话叫"金刚怒目不如菩萨低眉"。咱们进庙中先看到的常是四大天王，他们全都是怒目圆睁，往那儿一立很霸气，很有神威，任何人见了都会肃然起敬，不敢大声喧哗。过了四大天王殿再往后面去看，众神佛一个比一个面目祥和，走到最后看到的是菩萨伸出手来接引你。"菩萨低眉"的意思便是气开始往内敛了，人到达一定高度或境界时都是内在饱满的，意拳练的便是这些内在。

中国古代人把书画最高级的形式叫写意，就是把人的精神通过书法跟绘画的形式表现出来，让大家去感受，武术其实也是一样的。咱们都知道，中国古代很多文人是文武双修的，像岳飞、辛弃疾，武可杀敌，文可传世，文达到极致的时候就是武，武达到极致的时候就是文。

意拳本身是很美的，内核就是文武之道达到一定极致以后的相通。

一通百通

武术与艺术的奥秘

20 世纪20年代，王芗斋先生南游，遇见拳术家黄慕樵先生。黄先生乃江南大隐，精于拳术，他从敦煌壁画人物和陶俑的舞姿里悟出心法，创出了一种独特的健舞，即按照敦煌壁画的舞蹈形象去做一些动作。王先生一看，这是很有功夫的，于是跟从黄先生学健舞，遂得其传，悟及真义并融入拳术。

传统舞蹈分两种，一种是软舞，就是现在我们经常看到的舞蹈表演，肢体普遍都比较柔。另一种是威武刚劲的健舞，或称"武舞"。

健舞在隋唐时期非常盛行，不仅武夫操之，文人学士也多习。最著名的是唐代公孙大娘，她的代表作是剑器舞，此处的"剑器"一是指舞蹈时所用的器械，另外，《剑器》也是古代的舞曲名。剑器舞也称为"剑舞"，属于古代健舞的一种。在古代，剑是一种高贵、荣耀的器具，基于这种载体而生的锻炼身体的剑舞，同琴棋书画一样，也是一个人具备文化素养的标志之一。

剑舞的舞姿潇洒英武、矫健而奇妙，形式绚丽，有龙形虎步""游龙戏凤"的说法。龙形指身法,虎步指步法,游龙指剑法,戏凤则指手腕的动作。从动作变化上看,大体可分为"站剑"和"行剑"两大类。"站剑"动作迅速敏捷,静止时姿态沉稳爽利,富有雕塑感;"行剑"动作连绵不断,如长虹游龙,首尾相继,又如行云流水,均匀而有韧性。剑法帅、柔、矫、脆,练剑之人"手眼身法步"高度协调,令人赏心悦目。

杜甫在《观公孙大娘弟子舞剑器行》一诗中,描写公孙大娘"玉貌锦衣",穿的是美化过的戎装,作舞时步法矫捷、剑光四射、淋漓顿挫、剑绕身转,舞罢收剑如江海收波。诗中一句"先帝侍女八千人,公孙剑器初第一",给了公孙大娘极高的评价。直到晚唐时期,她还为不少诗人所称颂,郑嵎的《津阳门诗》、司空图的《剑器》都有对公孙大娘的描述。杜甫在其诗中还提到被誉为"草圣"的大书法家张旭,张旭也是在看了她的舞蹈后从中受到启发,"自此草书长进,豪荡感激"。

这种刚健的舞,现在基本上看不到了,在传统戏曲里还能看见一点。

王芗斋先生当年很喜欢看戏,觉得京剧的很多训练方法跟拳术相近,比如京剧的手法、步法、身法等,都可算是武功。

传统的京剧武戏的训练方法当中，确实有很多和意拳的训练方法相同的东西，甚至比我们现在所知的传统武术专项训练方法更加合理。

比如戏曲里有一套动作叫"起霸"，相传得名于明代剧作家沈彩所做的《千金记·起霸》，是戏曲演员必练的一项基本功。"起霸"是表现大将出征前整理戎装的一套动作，既是基本程式，又是考验一个演员功力深厚与否的标杆，有男霸、女霸之分，又有单人、双人、多人之分。

武将演员穿一身大靠，由靠牌子、靠旗、靠领等一百多个部件组成，要完成弓箭步、踢腿、云手、抖靠旗、提甲、鹞子翻身等一系列高难动作，表现出大将的威武。尤其是表演者上台"嚓嚓嚓"绕一圈以后，口中"哈！"一声，一亮相，就能把全场气氛一下子给带起来，也就是咱们现在说的"起范儿"，很是霸气。这种起范儿是一种气势，一种能量。

古语有云，"虽不中，不远矣"，意思是即便这不是最终想要的，可是离你要的东西也不远了。在我看来，这套动作稍微一转，就是打人的招式，不转就是戏曲表演的动作。

王芗斋先生则认为，"起霸"应该是源自拳中名为"起拔"的锻炼功夫，此功重点在于锻炼头顶和两足重心之力，使身体均整放大与宇宙合为一体，故名"起拔"。项羽的"力拔山兮气盖世"就是这个感觉。与站桩对于身体力量均整分布的要求，有异曲同工之妙。

再比如戏曲中的"把子功"，参考了古代的作战生活，吸收民间武术技巧，集武术、杂技、舞蹈于一体，很能展现演员的功力和绝活。使用的兵器道具有刀、枪、剑、戟、斧、钺、钩、叉等，不下七八十种，其中武生的"耍叉"和武旦的"打出手"可以把鞭、锏、锤耍得团团转。戏曲表演中若是没有绝活，观众是不买账的。

天下把式是一家，功夫就是把式，这个把式严格地说是八式——"闪展腾挪，拿打踢摔"，可以说所有的武术都离不开这八个字。即便你拳把式打得好，但跟天天唱戏的演员打，也不一定能打得过他。

过去有一句俗谚叫"好把式打不过赖戏子"。意思是说，戏曲表演同样需要筋腿的功夫，武戏演员每天都要抻筋、耗腿、遛嗓子，明天要上台，今天这胳膊腿必须抻出来，要不然明天的倒踢紫金冠做不出来可就不灵了，所以演员天天都要抻筋、耗腿，而且练得很勤奋。习武的人反而不一定天天那么玩命去练。

"把式把式，全凭架势"，大家只知杨小楼先生是京剧大师，却不知他还学过八卦掌，他用的刀鞭锤戟，都是实际的尺寸和重量，别人拿不动、使不了，他运用起来却举重若轻。他的把子功稳、准、静、帅，可称为"寄心声于刀剑，溢情绪于矛戈"，这是极其优秀的京剧表演艺术家才能达到的意境。

杨小楼先生在台上起范儿时，"当当当"几下就能够把整个场子的气氛给带起来，如同王芗斋先生以精彩拳术鼓荡全场，这是功夫跟艺术的异曲同工之妙。我们现在的人很难做到了，很多人常常是一比划，就定在那儿了，内在没有那股阴阳矛盾力的支撑震荡。杨小楼先生不仅腰上有劲儿，脚底下的功夫也行云流水，被形容为脚下有"眼"，用脚下的"眼"领着手上的"舵"，手上的"舵"准，脚下的"眼"更准。他的步法似慢实快，似快实慢，准确而从容，这些功夫我们今天的人只能望其项背。

艺术也罢，武术也好，为什么都叫功夫？正是因为形式姿势好学，神意内力难修啊。

误区

练拳首要在站桩，忌被套路迷了眼

清朝末年，形意拳、八卦掌、太极拳基本上完成了三家合一，成为内家拳的代表。其实这三家的拳往往都是互相通着练，练形意拳的也练八卦掌，练八卦掌的也练太极拳，练太极拳的也练形意拳和八卦掌，三个门派是不分家的。

王芗斋先生进一步打破了这种门户之见。他在《拳道中枢》中说道："欲知拳真髓，首由站桩起。"将"内家拳"这三个字都省了，精简到"站桩"二字。意思就是通过站桩获得整体的混元力，然后再返回去理解拳法的动作和劲道，做一到二式的实操。一个劲儿用对了，一个招式打对了，所有的拳都是对的，如果没有那个劲儿，打出来的所有拳都不对。

1948年，王芗斋先生及众多武术界同仁共同发起创立了中国拳学研究会，王芗斋先生任会长，他把拳学作为一个总纲，将各种模式流派都包含进来，从学术的高度描述了中国武术的概念内涵，如何入门、如何进阶、如何评价等。这一整合，有的门派就有些不乐意了，王先生知道后，跟他的弟子朱垚葶说：

"我就叫站桩，不分是谁，谁爱拿走练，谁拿走练。"这种求真务实且让拳法零门槛、不藏私的胸怀非常博大。

王先生坚持要走出内家拳的束缚，只保留推广站桩这一件事，其目的是要直接恢复到拳术的本源，毕竟三家门派的功夫最开始都是从桩上来的。

这也是他在《意拳断手述要》中所说的"要用'奥砍剃刀'削减一番，以求归一"，就是要留下最精髓的东西，简单、容易，而且实用，秉持"如无必要，勿增实体"的原则，化繁为简，利于人们的理解和操作。

把形意拳、太极拳、八卦掌这三家所谓的内家拳归于站桩这一式，王芗斋先生作为一个有修为的武术大家，点出了这些传统拳法最原始的根基。

过去的八卦掌就是一个单换掌，一个双换掌，配合着步法，就这么简单，没有那么多的招式套路，是后人给演绎出三十六式、六十四式，弄得越来越多。

太极拳也没有一百零八式，传统太极拳出现频率最高的拳式是"搬拦捶"。

形意拳也没有那么多的招数，只是后来根据不同人的体质形态，老师傅们编出来一些因材施教的方法。形意拳在传承过程当中出现的套路，最早的是劈、崩、钻、炮、横五种拳法，也叫五行拳，后来慢慢出现的还有十二形、杂式锤等。

大多数人在练拳的过程当中，会把这些套路放在首位。王芗斋先生认为，这是本末倒置。不是不可以练套路，而是不能把拳只理解为这些套路，迷了眼。

套路要打出连贯性，需要有一个整体的协调性，以这个整体协调性为根本，做出来的动作才是对的，才能展现出拳术的整体、平衡、和谐与中正之美。如果一个人没有经过站桩训练，打出的拳、打出来的套路，就是空壳，观感差，缺少整体的力量，更别说达到王先生那种鼓荡全场的气势。

所以王先生认为，要练好拳便先要去练站桩，站桩以后摸到这个劲儿，才有学拳的希望。没这个劲儿就想学这些东西，是很难做好的。

打破门户

从密不外传到公之于众

老形意拳的桩法最早叫"三体式",严格来说只是一个侧面桩。而混元桩则是一个正面桩加一个侧面桩,这两个桩各有所长。

过去的老武术家认为,混元桩能够强身健体,是养命的功夫。门派里边有句话,叫"传斜不传正",意思是说老师只讲三体式桩,也就是侧面桩,正面桩是不讲的。这是为什么呢?因为这是老师的看家本领!

关于形意拳的传承,分为门外的和门里两种方式。

门外的传承,很多人教的都是套路,今天教一招,明天再教一招,可能十年八年都教不完。

门里的传承,就是关上门来练,不要套路,常常是几句话一个式就够了。在以前的一些武术家那里,就没有站桩这个讲法,他们叫定姿势,就是先把姿势定住,再把姿势连贯起来练。

前人研究出一点好的东西不容易,视若珍宝,不是真正的入室弟子或者是有希望传承这个拳术的后辈,他们是不讲的,非常非常保守。给这些外人门徒讲的是一套,关上门自己练的又是另外一套，后者叫门里的功夫，也叫私功夫。

对门里人传授得很简单，老先生们称门里的徒弟为"得其口诀者"。所谓的口诀也好，真传也好，秘传也好，是什么呢？实际上就是一个捷径，让人少走弯路，让得其真传者的功夫在短时间内就可以达到一个很高的境界。

老先生们给自己门里人讲的时候，没有那么多花里胡哨的东西，会直接告诉徒弟具体怎么去用力，怎么快速得到整体的力量，很快就能出功夫。所以有个说法叫"太极十年不出门，形意（拳）一年打死人"，意思是说你得了真传，练上一年就可以把人给打死，形容它很厉害。

在清末民初时，很多武术家并不保守，也教真的，但很多人发现教真的武功不太受欢迎，若以此为生就很受影响了。因为真东西没有太多套路，整天就是单调的一下两下动作，显得非常枯燥无味。

早年我习练形意拳的时候，是直接跟山西戴氏这一派学习的，当时真的完全没有套路，都是一些具体功夫的训练。比如说砸丹田，我们现在看到的都是表演性质的，就是砸一下，其实真正的砸丹田训练强度是非常高的。像意拳中的七宝丹田功，便有其独家的秘密练法。

我学到现在虽然只有二三十年的时间，但这些传统的训练方法，今天基本上看不到了，多是套路，就是因为肯下功夫、耐得住枯燥的人越来越少，有真功夫的人也越来越保守、越来越少。

王先生最伟大的贡献就是打破了套路和门户之见，把很多人守口如瓶的拳术秘诀公之于众，不以之作为"个人知识"来谋私，捅破了这层窗户纸，站桩就成了谁都有机会拿走的财富，促进了中华传统武术在大众中的传播。

破旧立新

从低桩到高桩的变革

我在学习和研究站桩时，把王芗斋先生练拳的过程分成了三个阶段：他早期学习和传授的东西大部分都与筋骨相关，中年时期关注气血，到了晚年，重点已经转移到了精神和意志上。

像王先生在1928年出版的《意拳正轨》里面讲的那些抻筋拔骨的功夫，还是筋骨的东西，但也囊括了一些气血的内容，到了晚年他所传承下来的东西，更多是精神和意志方面的。

今天很多学拳的人常有一个误区，就是盲目地练筋骨，用低桩练硬功夫，靠意志去撑着，这个做法其实早就被王先生给否定了。郭云深老先生由于练功过于损耗筋骨，导致晚年不良于行，到了70岁以后走路都困难，80岁的时候就需要徒弟把他抬到车上，用小车拉着他出去办事。

王芗斋先生正是看到了练低桩的弊病，从而进行了大胆的改革。这个转变发生在20世纪40年代后，他游历了大江南北之后在北京定居，逐渐由练低桩改到练高桩。对此，王先生曾说"动必吃力，吃力则血注，血注则血流失其自然，而神经为之伤害"，他自己也经常闹腿的毛病，包括他的女儿王玉芳先生，王玉芳先生的腿得了静脉曲张，实际上就跟她早期练功太苦有关系，过力了。

当然，人在练到某种程度的时候，会有一些抻筋拔骨的东西要加进去，筋该抻也是必须要抻的。王芗斋先生晚年时，筋腿非常厉害，一直就没丢他的功夫。你看不见他站桩，可是他二十四小时随时随地都是在桩里边的。

王先生希望通过由低桩到高桩的改变，让大家在轻松愉快的状态当中，去体会站桩给大家带来的身心自在。这也是为什么很多人非常佩服和景仰王芗斋先生的原因，因为他发现这些弊病以后，能够及时跳出固有的认知去矫正它们，这是一件大功德！弃者弃，立者立，破旧立新，把不好的东西扬弃，好的东西留下来继续发扬，这种自我革新的精神是有高度的。

很多武术家刚开始时也都是跟着形意拳大师学习，老师教的没问题，但自己理解常常走偏，一些人玩儿命地把筋肉给撑起来，又吃力又过于紧张，到最后往往把自己给练伤了，而且越练火气越大。这种情况在早期学习时是会出现的，可如果你已经达到一个高度，或者是练到一定境界后，人应是非常谦和的，不会点火就着，脾气暴躁。

耿继善先生曾说："幼年练习拳术之时，肝火太盛、血气甚旺，往往与人无故不相和，视同道如仇敌。自己常常自烦自恼，此身为拙劲所拘，不知自己有多大力量。"后来拜到河北派形意拳大师刘奇兰先生门下，刘奇兰先生对他说："此形意拳，是变化气质之道，复还于初，非是求后天血气之力也。"他才渐渐体会到，练拳不在于要把筋肉和血气练得多狠，而在于用心体会其中的暗劲和化劲，体会身体外刚内柔的相合之劲。久而久之，"偶遇同道之人相比较者，并无先存一个打人之心在内，所用所发皆是道理，亦无入而不自得矣"。整个人的气质也变得更加谦逊、平和。

我们今天练站桩，一定要按照王先生所讲的拳术里边的法则去做，他告诉你怎么来，你就怎么来，不要自作聪明去拐弯儿，那都是他几十年的实操，被实践检验过的。

王先生很谦虚地说："我年逾七十，身外无他物，仅对养生一道稍有心得。"这可不是稍有心得，是非常宝贵的经验。所以大家一定要抱着专一的心态去学习这个桩法。

混元之道

站桩的原理法则

站桩这个词在公开的文献资料中，最早记载于《少林拳术秘诀》中。现在我给大家讲的混元桩，是王芗斋先生在其《意拳正轨》里的提法。应该说，他是第一个公开向普通大众讲站桩的人。

"混元"两个字的提法，独一无二。

过去的扎马步也仅仅是限于传统的蹲桩，在南北的拳法当中都有，但完全不是混元桩。还有一些别的门派，有鸡形桩、猴形桩等，也都不是混元桩。

混元桩的真正内涵是什么？混元究竟是一个什么状态呢？

打个比方来说，所谓混元，其实跟我们用筷子吃饭是一个道理。人刚开始用筷子且得练一阵，三个手指加上两根筷子，从先天的五行变成后天的五行，且得练且得改呢。当你掌握了用筷子吃饭的那股劲后，每次吃饭都不用再去想怎么夹怎么挑了，因为熟能生巧，你和筷子已经成为一体，筷子就是你手臂的延伸，吃饱了把筷子往那一搁就成了。当你获得这个整劲了，就不需要天天大量练习，在生活中随时用它都是手到擒来，舒服得体。不能说你不吃饭的时候，就不会用筷子了。

混元桩法的学习是有步骤的，而且理论体系非常完备，也是一个人的自我认知过程，在这个领域内我没有看到能跟王芗斋先生这个方法相提并论的。王芗斋先生讲"去繁就简，采取各桩之长，合而为一"，一个混元桩就可概括了，混元桩再分高位、中位、低位。大匠示人以规矩，就是把这个规和矩、方和圆的道理教给你，你自己再在这个规矩当中去摸索。拳术如果没有法则，不能被称为拳术。

我们在读王先生所写的拳论时，会发现其实动作招法、技法讲得不是很多，更多的是拳术的原理法则。王先生终生没有收弟子，都是"学生"，不分各家各派，都属于拳学。原则原理通了，你就是拳术家，不通，只练一个外形是没有任何实际意义的。

那么，站桩的原理法则是什么呢？

佛陀释迦摩尼当年在涅槃前就讲了一句话，叫"制心一处，无事不办"。我们站桩就是制心一处，把所有的东西给它涵进来，它不是具体的一招一式，而是要专注，踏踏实实就站一个桩，这里边就有无限的"精金美玉"。

我们现在有些人过分关注什么收入丹田、舌顶上颚，注意力都在套路上，这些都不是关键所在，你只有先把整体的力量站出来了，才能理解老师在下一步给你点这个关窍的时候，什么叫"一说就有，不说没有"。

我曾经听我的老师王玉芳老人家讲，当年她的父亲王芗斋先生跟他们几个儿女就讲过："我这个方法还是太笨了。"

我就问："为什么说笨呢？"

老师说，在他父亲看来，他要能把这些功夫变成东西直接给他们，放在他们身上就好了，可惜他做不到。不过呢，也还是有一个方法。

我问："是什么方法？"

她说，王芗斋先生认为就一个字，练！

练，就一定能成，不存在"练不一定能成，不练万万不成"这么一说。只要练一定能成。关键是怎么练，方法路径对了就一定能成。

好比我从北京要到天津去，我骑自行车、走路、坐高铁、坐飞机都可以到，不存在我到不了的问题，去，就一定能到，所以说哪存在"练不一定能成"啊？练不一定能成，多半是龟兔赛跑时有人半路拐了弯了，从北京去天津应该奔东南走，可你奔西北去了，南辕北辙，自然到不了。

所以，学习站桩就得老老实实地奔那个方向走，一定能到达终点。因为这个东西不虚不玄，实实在在。方法也很简单，老少皆宜，没有那么难。

我接触了很多传统武术，八卦掌学过，太极拳也学过，而且练太极拳下的功夫比练这个桩法下的功夫一点都不少。我跟胡海牙老师学的是京东派太极拳，当年学拳的时候，胡海牙老师就说："唉呀，你年轻轻的，还是不要练这个拳了。"

我说："为什么？"

他说："等你学明白这个拳就快动不了了。"

可见一个人练一辈子拳，能够摸着那个拳劲有多难。胡海牙老师快70岁才摸着这个劲，摸着了他就自由了，什么时候一做，那个势都能出来，谁看了都觉得美。

学到最后，老师告诉我一个秘诀，整个太极拳的功夫都在起势上。正是因为我练习站桩后得到了整体的力量，瞬间就明白了为什么太极拳的功夫在起势上，一做就出来了。

现在很多人练太极拳，起势就是手往下一用力，跟舞水袖似的，其实完全不是那么回事。老师说这一起就仿佛要把整个地砖给吸起来，手再往下落的时候，头要往上顶，仿佛是将地砖再摁到地底下去，这样所呈现出的起势过程，是很美、很有力的。

我们在本章谈桩法的来源，并不是非得要争一个谁是正宗的，谁是正确的，谁是祖师爷。王芗斋先生在世的时候曾经说："我希望，将来我的后继者能够从我的拳论当中，推导出我所没有说出来的这些东西。"他希望一代一代人逐步去完善、去发展他所总结的拳学。

文以载道，我相信王芗斋先生留给后人的东西，可能再过500年或者是800年，依然具有实用价值，人们结合当下的先进仪器也好、设备也好、人工智能也好，再次去了解的时候，仍会发现其中的哲理性，能给新的时代带来无限的启示。

学而思、思而学，一定是这样一个不断往复的过程，这也是王芗斋先生最智慧的一点，他把仪式感的"形"给了我们，让我们的"体"有章可循，也把意的"心法"倾囊相授，让形意拳得以完整传承。

桩功奥秘
站桩到底站什么?

第三章

[清]林钟《神农氏尝药辨性图》

气

小腹松圆，调顺气息

站桩是中国传统养生健身法宝，古往今来，流派众多。在南方的拳术里叫扎马步，或者叫地盆势，在北方称为站桩。

这种两手往胸前一抱，静静站着的方式，现代人看来，会觉得太容易、太简单。可是如果大家明白了这一抱之中抱的是什么，这一站又站的是什么，就会明白为什么这么简单的一抱一站可以传承千年，生生不息。

修行的人讲，天有三宝日月星，地有三宝水火风，人有三宝精气神。

按照中医说法，生命诞生那一瞬是"两精相抟谓之神"，就是精跟卵相团的这个瞬间，人的意识就来了。精跟卵之间没有任何细胞连接，如何相抟呢？靠的是能量牵引结合，这股能量，古人称为气。

所以精气神把气字放在中间，因为它是连接精跟神的纽带，坐胎成人的时候靠的是"先天一气"，能够健康存活也是咱们常说的"人活一口气"，一旦作为纽带的气一断，精和神就分离了。断得不彻底，现在叫精神分裂；彻底断了，精和神分离，人就走了；或者只是神走了，肉身还在，就成了植物人。

严格意义上说，精气神三宝是同时瞬间生成的，父精跟母卵结合的一瞬间，所有遗传信息都完备地锁定其中，阴阳一抟结，犹如计算机硬件跟软件咔嚓结合完毕，一开机，成功运行。之后形成胚胎，分出各种功用。

精有先天父母遗传的生殖之精，也有后天食物提供的"水谷精微"，水谷精微所代表的是人体需要的所有精微物质，也可以理解为某种"超细颗粒物"，它们细得不能再细，是构成一切的基础。

气也是既有先天之气，也有后天的。当胎儿在母体当中靠母血来滋养，靠脐带运行，无需用口能食，无需用鼻能吸，可谓是"超高速自动化运行"。十月怀胎，小婴儿呱呱坠地离开母体以后，空气被吸入体内，先天模式瞬间锁死，不能再用了。

古人对于精气神三宝内涵和关系的认知，非常细腻。而这三宝之中，很多过去的大修行家最强调的是什么？练气。前文也有提及炼精化气，炼气化神，炼神还虚……中医里边非常重视精气神中的气，营气、卫气、阳气、元气等讲得太多了。

王芗斋先生在他的《拳道中枢》里也反复强调养气，练拳也好，站桩也好，一定先把气给调顺了，让呼吸均匀。在更早发表的《意拳正轨》中，他也提过：

"夫练气之学，以运使为效，以鼻息长呼短吸为公，以川流不息为主旨，以听气净虚为极至（致）。前为食气出入之道，后为肾气升降之途，以后天补先天之术，即周天之转轮。盖周天之学，初作时，以鼻孔引入清气，直入气海，由气海穿过尾闾，旋于腰间。盖两肾之本位在于腰，实为先天之第一……"

王先生在其中指明了站桩最初应该干什么，正是对气的严格储存，要用气找到内在能量与外界微观能量的连接。如果想实现这种连接，一定要注意呼吸节奏的细、慢、匀、长，形成慢慢、均匀、细长的川流不息的感觉，并且意识要到下腹位置，小腹要保持松圆，但不刻意强调意守丹田。

这些都是形意拳最原始、最核心的要诀，在过去是要关起门来口授的，极少对外讲述，到了王先生这里，才真正得以公开。

意

反观内心，消解妄念

老子 有一句话："虚其心，实其腹。" 就是要让修炼者把心静下来，放下执着，保持心灵一片晴明，精神内守，气血充盈，保持生命能量的充沛，如此人就舒服了。用现代话叫放松，古代是没有放松这个词的，讲的是虚和静。

《黄帝内经·素问》中说"虚静为保（宝）"，静还好理解，虚是怎么个虚法呢？

现在大家说到"放松一下"，一般是做什么？很多人都是躺下刷会儿微信，看会儿短视频，找人聊聊天，浏览会儿网页，对吧？如果大家仔细察觉一下，就会发现，这样真的能松下来吗？是不是更累了？因为心没有虚下来，乱糟糟一片，大脑中的信息满得都快溢出来了，说六神无主都不为过。而现代人忙起来像个陀螺一样，想找谁一个电话一条微信就联系上了，人很难"虚"，就更不可能"静"，思维深层还是非常紧张的超载状态。

想要改变这一点，要怎么办？ 站桩。

在我心目当中，《拳道中枢》是能够像《道德经》一样流传千年的好东西，王芗斋先生删繁就简，用了减法，去掉多余，将桩这种实实在在的形式呈现出来，给修身修心想得心法的人提供了一个具体可行的路径，让心法有了身法。

王先生对站桩有一个很生动的比喻，他说这是一个有生命力的树桩，犹如大树，叫生生不已之动。看着外形是固定的，不动的，但树桩子里边无时无刻不在动，尤其是根一直在动，一直在往深处扎。

就如一棵树越冬时树叶凋谢，枝桠枯干，来年一开春又开始冒绿叶，这生生不已之动从外面看不出来，稳如磐石；而里边一直在动，从未止息。

不动是相对的，动则是绝对的。站桩时间长了以后，人会感受到内在的微动，身形也会微微配合着动起来，比如有人站着站着体内一震，不由得高高低低开始慢慢调整。

王先生在《拳道中枢》里有一句话："大动不如小动，小动不如不动，要知不动才是生生不已之动。"他在《大成拳谱》里也说过："大动不如小动，小动不如蠕动（蠕动即是鼓蠕）。鼓蠕的动作虽微不可见，却是全身皆动。"

以前的人称意拳为古道家之静功，其本质就是习静。这种养生观念最早的溯源，可从《易经》中窥得，便是："寂然不动,感而遂通。"

就是人身体静下来的时候,眼是微闭的,耳是往回收的,舌口都是微合的——"耳目口三宝,闭塞勿发通"。在这种状况下,人才能够把父母先天给我们的本来面目找回来,把自己的身心秩序重新恢复到初始状态。这个时候,你对外界是非常敏感的,是用心而不是用脑去观察和感受万事万物,如同初生的婴儿,本自具足。

站桩可以令人放下与外界的连接,具体怎么放呢?

没接触过站桩的朋友或者说初入门的朋友,可能不知道王芗斋先生讲站桩有个重点,他常强调:你在站的过程当中要问自己,为什么有此一站?

比如有的人这么有意识地一问自己,一分析就明白了:"我实在是身体难受,去哪儿都治不好,不站也没别的办法。"得,他站住了。

再比如我当年问过自己,我想学功夫,可是我不属于聪明伶俐的,站桩最简单,那我就只能一门心思站下去。得,我也就站住了。

禅宗里管这样不停地问自己、反观内心的做法叫"参禅",我觉得王先生留下来的这个桩法,我们在领悟的过程中也可以叫"参桩"。在站的时候要一直问自己"为什么有此一站",就和参禅一样,不停地问,心跑到哪里都跟着,直到最后心变得安静下来,无禅可参,无问可问,人松下来,妄想尽消,心静如水。不同的只是有人参透的是宇宙,有人可能参透了社会、人生、事业,甚至再小一点的,比如自己的身体。

就如佛门所说,小疑小悟,大疑大悟,不疑不悟。没有疑问,人是悟不了的。换成儒家的说法,就是孔夫子说的"学而不思则罔"。如果只站桩而不思考,那么一切都是罔然。高明的老师教完课以后,都会给学生留一道思考题、一道复习题。学生们回去举一反三,反复建立正反馈,学而思,思而学,才有所得,这就是提问的重要性。

但是有一点要说明,这里的问和疑,不是说对站桩本身有怀疑,而是提醒诸位要深挖做这件事的根本。

现在人们常说,要怀疑一切,这是不对的。我觉得,首先要接纳一切。

就拿儒释道三家来说,有一段谚语讲:"一儒一道一释流,三子各话万千秋,到底说了什么话?一字箴言笑不休。"三个老头争论起来,你说你们家的,我说我们家的,到底说了什么话?其实说的都是一回事儿,都是讲圆融自在,没有分别心。

形

臂如抱鼓，心生恭敬

孔子曾多次问礼于老子，孔子把礼的秘诀学会了以后，言传身授，传承至今，中华民族实乃礼仪之邦。

礼是什么呢？三拜九叩，是一种仪式感；礼又是什么呢？"出门如见大宾"，是有对象感的。礼是道家说的"道法自然"，亦是儒家说的"格物致知"，心跟天地相应，要敬畏天地。有了仪式感，自然就生出恭敬心，言语也会随之恭敬，心才能静下来，用这种恭敬心去对待一切人、一切事、一切物。

站桩站的也同样是一种仪式感——"站立时，臂如抱鼓"。

汉代贾谊在其《新书》中写到立容、坐容时也曾提到"固颐正视，平肩正背，臂如抱鼓。足间二寸，端面摄缨"。

"臂如抱鼓"便是想象鼓贴在身上，和前胸贴紧，胸往上提；手心跟鼓也有贴物感，要往回搂，找着劲儿才能把这个鼓抱对。一个是往上提的力，一个是往回搂的力，听着挺矛盾吧？但奥妙恰在其中。

站桩正是体认生命奥秘的真章。其过程是一种生命的体认，以身证道，用我们的身体来实践，没有一丝虚假。

力

环环相扣，回归本源

妙悟一旦开启了以后，站桩时你会感受到怎么站都在这个"道"里面，劲儿都在，一得永得，随便你怎么去做，在任何角度得的都是整劲。王芗斋先生把这叫"周身无点不弹簧"，一个人过来无论碰你哪儿，他都得弹出去。这种能跟宇宙共振的力道，王先生在他的《拳道中枢》里称为"宇宙力"。

很多人第一次看到这个词，认为这老头怎么疯了，一个小老头你还谈宇宙？

我们知道宇宙是没有边界的，无穷大，先天一气自虚无中来，最后归无。谈这么宏大的东西，一般人无从下手。而王先生却对拳学与宇宙的关系有其独到的见解。

他在《拳道中枢》里写道："今夫本拳之所重者，在精神、在意感，在自然力之修炼。统而言之，使人身与大气相应和；分而言之，以宇宙之原则、原理为本，养成神圆力方，形曲意直，虚实无定，锻成触觉活力之本能。"

王芗斋先生说过"意在悬空间，体认学试力"。"悬空"

就是人要将自己置于宇宙的博大空间中，跟外界大气呼应，不能执着在自己身上，也不能离开。人跟整个空气的摩擦关系让你和外界产生勾连，就像有很多小绳子把二者系在了一起，形成一个网状。

人身体里边的"内网"与人体以外的"外网"，如同大宇宙套小宇宙，环环相扣、互相牵引，从来不孤立存在。人身心中是自带这种关联体验的本能的，只是活着活着就忘了，只能重新去体验和找回跟外界空间的关系，找回这种本能。

王芗斋先生的师父郭云深，当时有人找他切磋，郭先生一个崩拳"砰"就把人送出去了。

为什么叫崩拳？不是一拳一招把人给打出去这么简单，"崩"是指人体内的整力炸开，我们叫"共争一中"。人被打出去的一个关键是挨打的人有功夫，对方带着力来，出拳的人才能借上对方的劲，越有劲儿飞出去越远，借力打力，实际上被打的人一多半是自己给自己打出去的。

力在人与人之间、人与万物之间环环相扣，浑然一体，这是需要用心感知的。想要掌握天地劲儿和整体的宇宙力，离不开站桩的基础。这也是为什么我常说现代人学站桩，用于基本的防身是没问题的。

站桩就是站脚下的功夫，想要把拳打出来，把劲儿使出来，只有脚下一动、一紧，人才是整的，力才是全的。

王先生特别强调站桩时要"持环得枢"。环是什么？是圆圈。枢是什么？是枢纽，或者说关键诀窍。

这个桩法看起来就是那么一站，但当我们拆开了看，桩里所有身体部位内部都是打着一个圈、一个圆，练的就是能不能头顶、脚、手同时瞬间完成一个圆。当你怎么做它都是圆的，围绕着你的也是整体的圆，这就是小宇宙跟大宇宙。

以大家常见的太极推手来说，伸手出去看起来很慢，只是悠悠的，但实际上手指上的力有无限的延长，回过来，再推回去，环环相扣。这时人的肘和肩是焊住不动的，用肘来推手，手还得要悬。

一回一推的奥妙在哪里呢？是用指尖画圆。而且这圆可不是只有手这一处，六处——手、肘、头、颈、膝、脚——都起来了，一个搭一个。脚底下怎么动？手怎么动？一环套一环。脚底下一抓一使劲，力量就直接传到手指尖，练武之人便能立刻手如钢叉，"啪"地就起抓虎之势。

这一抓过去叫什么？叫抓球。实际就是让你把手指梢节给它撑起来。我们今天不常提拳术武功了，但这些关键在桩里都是通的。

回到王先生的一句话：拳本无法，有法也空。一法不立，无法不容。

千变万化之中，立一个法，这是"一"，能包含万物。这个"一"，就是桩。站桩让人回归到的，是天地之间的本能本源，最终实现"力合宇宙，发挥良能"。

当然了，这股整劲儿很不容易得。我跟着王玉芳老师练了十几年，身上有了这股劲儿，自己都不知道。到了我师叔朱垚葶那儿，他给我把不同部位一摆，在原来基础上一调，告诉我这里应该怎么动，那里应该怎么动，最后印证是对的，我才有所悟。而从我知道自己得了这个劲儿之后，到真正理解如何发挥这种"宇宙力"，又用了很长时间。

站桩时间久了，你会慢慢感应到外界的空气、植物、阳光跟你是有生命交汇的，是有呼应的，万物互联，都在一起。

2009年我去新加坡讲学时，住的酒店在三层，没有那么多的围挡，外边的树比较高，闲暇时，我会在窗边站会儿桩。有一次站着站着，我突然间就愣住了，这一愣神，眼睛就盯在树上了。

按照常理，刮风时树都朝着一边倒，而我那天发现两根小树枝在风中是互相打招呼的状态。不是说都倒向这一边或者那一边，它们就跟在聊天似的，很快刮过一阵风来，一根树枝被迫弯了过去，可它仍在拼命往回勾，就像人似的，聊得意犹未尽，舍不得分开。就那一瞬间我才知道万物跟我们是一体的，可千万别忽略它们的感受，那个时候我也才真正明白当年朱垚葶老师为什么让我读柳宗元的《使得西山宴游记》，正如其中所言："心凝形释，与万化冥合，然后知吾向之未始游，游于是乎始。"那种感觉就是人与宇宙万物融合、呼应而获得的持续而深层的美好。

没有出神那个状态是感应不到入化的，一旦放空了就进去了、合一了，这个时候没有对抗的二力，是共力共和共争。老拳谱里，形意拳过去也叫心意六合八法拳，或叫心意六合拳。六合就是外三合内三合，外三合是肩胯、肘膝、手足，还有内三合，是心与意、意与气、气与力。

这些都需要站桩以后的体认，等真正入了槽就练成了。朱垚葶先生当年怎么讲入槽的呢？他说你要想象自己是被固定在一个模子里边。

朱先生说："比如石膏像在模子里成型以后，你要想把它给扒弄倒了，力量不够，是很难的，从来不会说一扒就从中间折了。要么不倒，要么就是整个'扑通'倒那儿了，对不对？你就得站成这样，我一扒拉，你得整个儿倒，不能说胳膊肘弯了，腿折了，脑袋歪了，都不对，都不行。站桩得是'咔'就这一下。"

这一番话真是把站桩的诀窍给了我。

人得了这个整劲儿之后，行动坐卧都在桩里，就像入了槽。这种状态下平时稍微活动一下，就很容易体会到身体内部小宇宙跟外部大宇宙的牵拉。

哪怕只是练站桩的脚下功夫，这一点便足够练一辈子了。站桩练到最后，人来人应，物来物应，天地万物都可以跟自身产生关联，心生万物，万法归心。这种对力量的掌控感与你对万事万物的体悟一旦打通，便会受益终生。

通

持中守中，美美与共

我们要学着做一个通家，真正做到无分别心。王芗斋先生一直推崇的一个观点便是："练拳一定要做一个通家。"

通家的意思不是说天天伏案读万卷书，是通过练拳把人的先天本能激发出来，用心观察，看什么都能明白，都能举一反三，进而把对书法、绘画、音乐、茶道、武术等符合中国传统文化审美的东西，融会贯通。

"众物必有表里精粗，一草一木，皆涵至理。"不管武术也罢，绘画也好，音乐、医术、茶道等，所有这些传承到今天的传统门类，其实都是一个文化系统里面的不同脉络分支，互相之间都是融合的，确实存在一通百通的可能。王芗斋先生讲站桩，也和那个时代的很多大家一样支持通家学说，所谓通家，就是明了万事万物皆为一体的人。

王先生是个武术家，接触的也都是各行各业名家，见过真东西。他对书画古玩的鉴定水平特别高，很善于自学。书法、绘画和武术也是通的。

自古至今，古琴是八法，练拳是八法，练武术也是八法，绘画也是八法，书法永字八法更是令人叫绝，这些东西都是通着的，只看你愿不愿意在这上面下功夫，而这些符合传统文化审美的东西，其实通过一个桩法，都能够贯穿起来。

比如书法要求执笔沉肩，手指实，掌虚。大书法家沈尹默先生在他的书法著作中也重点强调过练习书法也要有类似站桩的训练过程。站桩要领也是沉肩坠肘，平心静气，做出来得是整劲儿，不呆板，有气势。

好的书法是什么？它是"随手笔"，这一横上去，一撇再回来，也得是个整劲，都是整体贯穿。我们今天看赵孟頫、王羲之的草书，气韵生动、笔法连贯，不仅是指单独哪个字，而是整体都舒服顺畅。这舒畅就是一种美，有多少人能做到？

站桩、打拳也是一样，虎躯一震那就是整体之力，一个不懂动作的人也能看出流畅舒适，也能看出是美的。我们要相信美是有共性、有标准的，也是很朴素的，因为是发自内心的东西，会让人产生共鸣。我们经常说从一个人的身法也罢、书法也罢，行云流水之中便能看出一个人的气韵。向外对于宇宙万物的理解，向内对于生命的领悟，都化在其一招一式中。

它不是虚空的，一直都遵循着"从哪里来"的初心。

当年王先生做动作，看的人都赞叹不已，行家一出手，就知有没有，那种气势能鼓荡在场的每一个人，把内在的意、气、力表现为外在的舒展大方、胸怀宏阔的气魄，再精确一点讲，就是雄浑之气。

我们从修身的角度来讲，站桩站在那儿的时候，那种雄浑之气应该是充斥在整个天地人之中的，是浑然一体的。如果说一个练功的人能超然物外，掌握"道的中枢"，他便有无穷的雄浑之气，洋溢于自己的持桩气场中。

我们现代人经常说什么黑天鹅事件，人们总感觉这个世界中不确定性因素太多了，很难掌控，古人却不这么认为。那么天地万物信息繁杂，千变万化，头绪数不胜数，要如何抽丝剥茧抓住核心呢？

古人的智慧便是"守中"。

圆有大小，但无始无终，我们没有办法从圆上找出起点和终点，哪里都可以是起点，哪里也都可以是终点，特别像时间、空间，特别像这个大千世界，从哪里来到哪里去是无穷无尽的，但是有一点是确定的，就是圆的中心点——环中。

从环中到边线的距离无论往哪个方向出发都是相同的，

圆环如果是"有",圆环中心就是"无",抓住这个确定的"无",就能把握这既流动又静止、既变化又恒定、既有限又无限的时空,"无中生有"。

回到站桩来说,得其环中,就是作为天地之间的人,你要在中间。你自己美,别人看着也美,形正气顺,是那种身处天地之间的大气磅礴,符合所有人对于美的共识。这便是站桩之神韵,亦是站桩之美。当你心与意通,形与意通,便自然能一通百通。

练成

动静得宜，身心合一

站桩

练成的标准是什么呢？要说这个标准，得先明确站桩的目的。

咱们现在练站桩，肯定不是为了胜负相搏，多是想祛病健身，延年益寿。可再往前推，像我在前文中多次强调的，也是王芗斋先生认为的，站桩的目的在于发挥人的良能，恢复人的本能。

他曾说过这样一段话："拳学一道，不是一拳一脚谓之拳，也不是打三携两谓之拳，更不是一套一套谓之拳，乃是拳拳服膺谓之拳也。"

什么是"拳拳服膺"？这句话来源于孔子所说的"得一善，则拳拳服膺而弗失之矣"。膺，胸也。"拳拳服膺"的意思就是拳、势、意时时都印在我的心里，我们是用心来练拳的。这个过程一定是心、意、形、势高度统一的，不仅仅只是外在的一招一式。

我反反复复说，桩一定是能练成的。什么时候一动，那个劲儿整了，就够了。这是每个人先天本来就有的东西，因为后天的一些"错误程序"给弄丢了。站桩就是要帮你找回丢失的先天良能。如果丢得太多了，实在找不着了，只能"清零"，然后重新"恢复出厂设置"。但是能找到的还是要及时半路返回找找，比清零后再从头开始要快得多啊。

站桩练足一年的时候，你会有一些粗浅的感受，到两年的时候可能加强一些，到三年以后，你会去思考前两年练得对还是不对。但到了第四年的时候，你会理解这里面有很多奥秘。在这一千多天中，人的感知是不断变化的。

一开始杂念太多，要逐渐站到清净，站到什么也没有，空洞无我。再往后，你要从"空"中，从"无我"中，一点一点地体认，找出那个"有"，这时候就不一样了。你随时随地行动坐卧，都在桩里面待着，是多美的一件事儿！想是想象不出来的，一定要去练，要体认！撇开体认的功夫去谈站桩，就是镜花水月，徒劳无功。

有人要说了，站桩、练拳，有人练一辈子也不悟，有吧？

很多人确实就真是一辈子都不悟，光体不悟，我觉得这其中很重要的一个原因就是，他们把体和悟给分开了，没有想"为什么有此一站"。

学而思、思而学，一定是这样一个不断往复的过程，这也是王芗斋先生最智慧的一点，他把仪式感的"形"给了我们，让我们的"体"有章可循，也把"意"的心法倾囊相授，让形意拳得以完整传承。

所以，站桩一定是分三个阶段的。

第一步，是亲证。

你得实践，只听不行，真练才行。这个桩这么摆，这个手这样放，这个劲儿这么找，这个叫亲证。

第二步，是体知。

站对了，你才能知道这里边好像还有一种"磁力感"，推不上去、拉不开，黏黏糊糊的，这种感受叫体知。

第三步，是妙悟。

有了亲证和体知，就要不断问自己"为何有此一站"。就是我在哪儿？跟大气能不能呼应，跟地球能不能呼应？当你双手抬起抱住，感到那种势没有完全在身上，也没有完全在外边，而是你跟整个宇宙浑然一体了，这便是妙悟。

身体知道再到心知道，从亲证、体知到妙悟，站桩就真的入了门，得此虚静之宝就探囊取物一般了。

三分练七分悟，思考占了七分，当你具备了混元的力量，一举一动跟身外万物都是有关系的。你自己能够知道，外人也能看到你与万物的呼应。你得逐渐在动的过程当中把思维打开，所以说悟占七分。

很多人就是为了练而练，不知道为什么而练。练的过程中一定要思考，这么站对不对，这么做对不对，为什么非得拘泥这个姿势？你得学会用自己整个的身体加上你的思维，去体会和感受肉身跟这个世界的关系。

"寂然不动，感而遂通"，你怎么去感？如何确认你的心跟外界有没有交融？当你跟外界联通后，你会感到有两个撕扯不断的东西，只有在静止状态下，才能找到这种撕扯，需要用心去觉察这种关联。

当年，朱垚荸师叔给我讲如何打破框架，如何将整体力节节贯穿的时候，当时我可纠结了，好像找着了，慢慢又找不着了，这个劲儿到底在里边还是外边？实在摸不透。

这时候朱先生用了个特别智慧的比喻，他说："你知道琥珀吗？"

我说："当然知道。"

他接着说："那你知道琥珀是怎么形成的吗？"

我说："是树脂，比如松树油，在地下埋的时间长了，就成了琥珀。有的里头还包个小虫子。"

老先生就说："你想啊，在上亿年前，有一片原始森林，里边有茂密的松树，成片成片跟卫兵似的。到了三伏天最热的时候，大太阳暴晒，松树油脂慢慢渗出来，一块又一块吧嗒、吧嗒地往下掉。因为天热啊，小蜜蜂天天都在那树荫儿下面落脚。

"松树和小蜜蜂原本互不打扰。这天，天又热起来了，小蜜蜂又来了，趴在那儿，松树油脂攒着、攒着，沉甸甸的，'咔嚓'一下落了下来，正好就把这小蜜蜂裹住了。你说小蜜蜂在这松树油脂里边，它想出来吧？于是浑身使劲，翅膀啊、小脚丫啊、小触角啊，都往外挣，脑袋往上起，就使劲顶啊，只要是能动的地方哪个也不闲着，全身的劲儿都用上了。可是松油却越箍越紧，到最后所有的缝隙都被松油给灌满了，灌满的那个瞬间，它再也动不了了。

"然后随着时间的慢慢推移，过了很多很多年，被后来的人给挖出来了，一看，哟，这松油里边有一个小蜜蜂。拿在手里端详，就看那小蜜蜂的身体是打开的，一个姿势舒展着，一断气，整体全僵了，就停在那了。

"练拳、站桩就好像小蜜蜂被松油裹上了，这时你要出来，'蛄蛹'出来。用文雅的说法叫蠕动，不是大动，不是小动，是慢慢'蛄蛹'。很多练功夫的老先生都知道这个词，这是一种微微的动，行不破体，力不出尖，能用最小的力，为什么非得要选择大的？这是一种最省力的、时间最短的、效率最高的力，即整体力，也就是混元力。"

直到这个时候我才悟到一些站桩的奥妙，站桩需要你在静中体会动，又需要你在动中回归静，动静之间，藏着无限的玄妙智慧。

"寂然不动，感而遂通"后边还有一句话，叫"非天下之至神，其孰能与于此"。什么是"天下之至神"？你是不是一个意志坚定的人？是不是一个有理想抱负的人？一个胸怀天下的人，才可称为"天下之至神"。你只有心怀大的抱负，才能够耐得住寂寞，才能感而遂通！到了那个程度，你的意志足够坚定了，所有的能量自然就能聚过来。

通过站桩，跟天地去沟通，然后去实现你的使命！身心合一，回归平衡，有了健康的体魄，有了健全的思维，你做什么事情都会很容易成功的。

志闲而少欲,
心安而不惧,
形劳而不倦。
气从以顺,
各从其欲,
皆得所愿。

——《黄帝内经》

阴阳者,天地之道也,万物之纲纪,变化之父母,生杀之本始,神明之府也,治病必求于本。

——《黄帝内经》

桩功实操

下篇

虚灵独存，悠扬相依，绵绵如醉也如迷，笑卧如在水中宿，返婴寻天籁，平凡无奇有天趣。

——王芗斋《站桩功漫谈》

第四章 桩姿详解

一　整体桩姿

下颌微收

两手抱在胸前，如怀中有大球

小腹松圆，自然呼吸

臀部似坐非坐

> 初学站桩的人，先要把基本桩姿摆出来，然后可以在站的过程中慢慢调整到身体最放松的状态。

两脚分开，平铺于地，与肩同宽

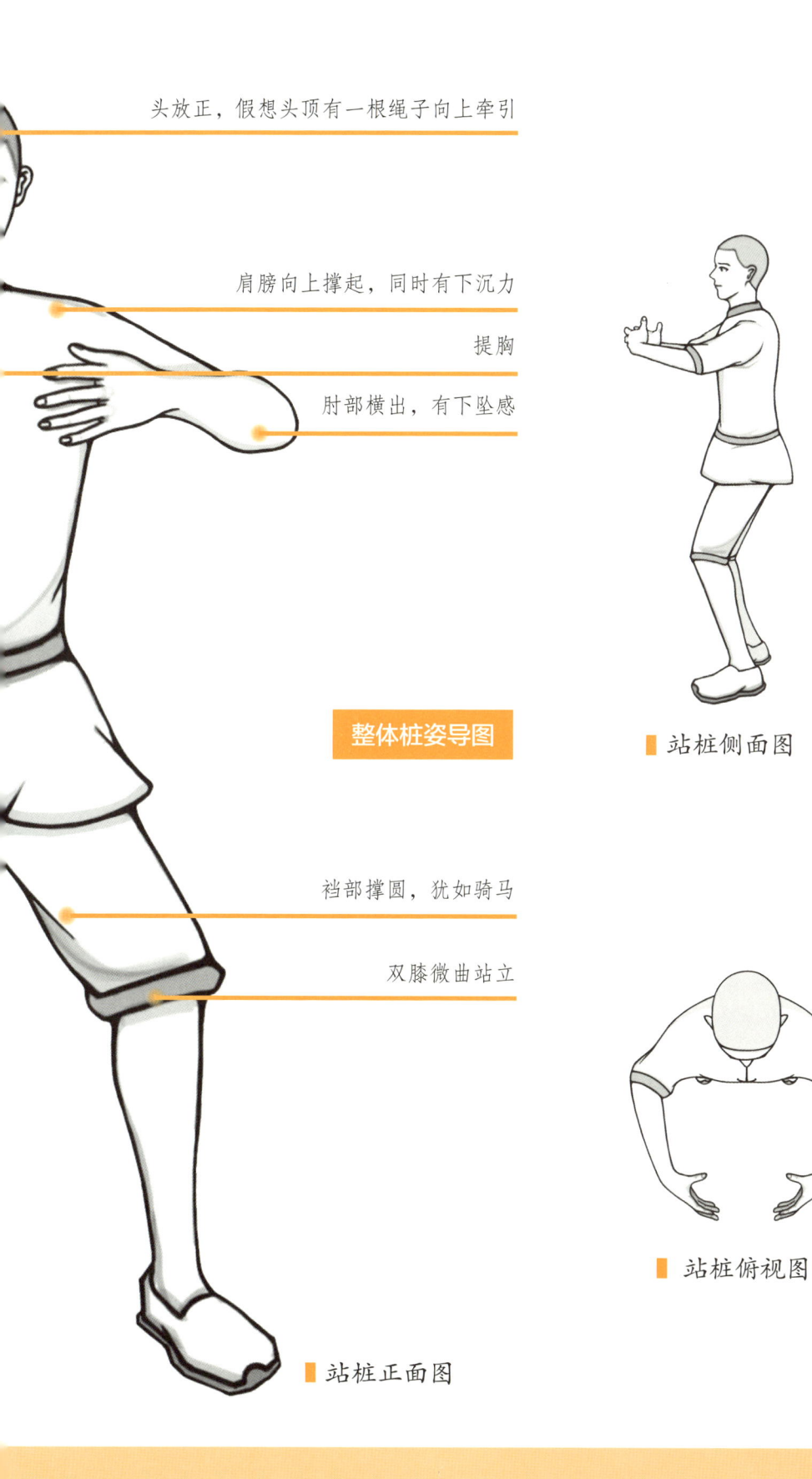

头放正，假想头顶有一根绳子向上牵引

肩膀向上撑起，同时有下沉力

提胸

肘部横出，有下坠感

整体桩姿导图

裆部撑圆，犹如骑马

双膝微曲站立

▍站桩侧面图

▍站桩俯视图

▍站桩正面图

85

延伸

站桩功效

不动之中有大动

桩功特殊之处就在于：看上去很简单，静止不动，但健身作用非常大，它可以调动全身经络和重点大穴，带动人体五脏运动，促进血液循环。它看似不动，其实不动之中有大动。

这种看不见的"大动"又不同于跑步、跳绳等体育运动。对于身体虚弱、津乏气短的人来说，跑步、跳绳等运动会增加内耗，伤津动气，不增其益，反受其累。尤其是身患严重高血压、冠心病、支气管炎等疾病以及隐匿性疾病的人，这些剧烈运动更是不可行的。

而站桩时，双臂一抱，手指一松一紧，脚趾一抓一挠，利用四肢梢节的力量可以非常高效地调节全身的经络。

那为什么调节经络有这么大的好处呢？

功效① 外炼四肢，内养脏腑

现代人的生活方式发生了变化，有的年轻人在家工作，有的老年人退休后很少出门，长期处于静中无动的状态，全身的肢体不能配合心脏行血，导致心脏的工作量大增。

健康的心脏面对静止不动的身体，就好比励精图治的君王遇到慵懒的臣民，怎么都使唤不动，无奈之下，君王就会躁动不安，长久下去就会导致心脏出现各种问题。

有人说，我跑步、举哑铃等不都可以锻炼四肢吗？当然可以，但或不够或容易过量。

跑步的时候，下肢的运动比较充分，但上肢的活动量较少。至于举哑铃之类的运动，主要是锻炼筋骨和肌肉的。这些运动，强度都比较大，有人往往要练到筋疲力尽的时候才罢休，其实，筋疲力尽的时候，经络是很不舒服的，这样反倒伤了脏腑，也是养生不得法的一种表现。

真正的养生运动，应令四肢得到充分的活动。脏腑的经络都通向四肢，运动四肢不仅能锻炼筋骨，也能疏通经络。让五脏的精气通过四肢的运动得以循环。

人体的很多疾病都与四肢运动不够有关。上肢有六条经络，手少阴心经、手太阳小肠经和手厥阴心包经与心相关，手太阴肺经、手阳明大肠经与肺相关，手少阳三焦经与心、肺都相关，人体至关重要的肺功能需要依靠上肢这六条经络来带动激活。

肝胆、脾胃、肾系统的健康则是与下肢的运动程度相关。分布在下肢的六条经络，分别是足少阴肾经、足太阳膀胱经、足厥阴肝经、足少阳胆经、足太阴脾经和足阳明胃经。下肢如果没有充分运动，就会出现肾、膀胱、肝、胆、脾、胃等脏腑的疾病。

功效② 激活大穴，润泽全身

站桩的姿势可以在打通经络的同时，直接调动人体很多特效穴位的功能，让人体大药发挥功效。

·站桩中头顶项竖这个动作，让头顶如有一根线悬着，这就刺激到了头顶的百会穴。

·含胸拔背会让胸部、腹部和背部得到充分的放松，便调和了任督二脉。

·轻轻悠悠的晃动中恰好活动了腰部的带脉。

·脚后跟微抬则充分调动了足阳明胃经、足太阳膀胱经、足少阳胆经三条阳经的经气，刺激阳陵泉穴、承山穴和足三里穴，有强筋壮骨，祛湿升阳，增强气血的功效。

·脚趾抓挠则能调动足太阴脾经、足少阴肾经、足厥阴肝经三条阴经，刺激三阴交穴、涌泉穴和太冲穴，调经养血，培固肾精，疏肝理气。

·在站桩的过程中，手掌的环抱状态调动了劳宫穴。脚趾要有节奏地抓地时，足心的涌泉穴也会随之一松一紧。这时，有些朋友能明显地感到气血在体内微微鼓荡，继而传导到掌心，再次调动掌心的劳宫穴，令补心和养肾的两大要穴发挥作用。如此，便完成了一个既养心又养肾的以阴引阳之法！所以站桩的时候，人往往手心脚心会发热。

这就是桩功最大的玄机了，也是我通过多年的站桩结合中医原理悟到的，全身的重点大穴和经络在站桩中都能被充分地调动起来，养生和养心完美结合。大家明白了这些玄机后，在通过练习桩功治病养生时，一定会收到事半功倍的效果！

延伸
站桩准则

形意相通

形意，形者养身，意者养心。一个人的站立姿势可以决定心境，用有力的姿势站立，哪怕只有几分钟，也能增加心里的力量感。

站桩实际上就是通过特定的姿势来控制意识。只要一站，就得把精神给提起来，形和意要统一。这也是为什么形意拳不能完全叫意拳，也不能单一地叫形拳，严格地说，站桩是形、神、意、气、力、法的合一体现。意是什么？意是心之音，是人身体与心灵的感应与互通。

单纯地运用意念，徒耗精神，起不到养的作用，实际上是给自己进行了催眠，这种舒适是一种假象。你可以在这种舒适的感觉中先待一段时间，但是想再往上就很难提高上去了，而且动念时间长了以后是会起"火"的。形和意都是要有的。

形者养身，意者养心，养身在动，养心在静。古人讲"性命双修"，实际上讲的就是我们现代的"身心锻炼"，既有身体层面，亦有精神层面。通过性命双修，方可延年益寿。站桩就是要强你的身，收你的心。安心在喜，不唯虚；养生在动，不宜静。

　　站桩的姿势就是要帮我们把身心之门打开，获得更坚定的意念。打开以后，迎接外边的能量，重新返回先天的自然状态。

养生桩不仅是健身治病的运动，也是一种锻炼意志的功夫，所以学习养生桩的人必须注意这种锻炼。粗暴、浮躁、气愤、忧虑、悔惧、得失之念和侥幸思想等，都是缺乏意志和品质的表现，学者切要禁忌。

——王芗斋《站桩功漫谈》

二 | 桩姿分解：立

1 标准：
平均中正

站立时要立直，不偏，不斜，不倚，中正。

这个姿势最简单，也最不容易做得准确。但做准确了，便会形正气顺，有了精气神才能谈其他动作的优化。

站桩首先要站得住，站得巧，站得稳，站得合适。

这个姿势犹如骑马，不是单纯的向内夹的劲儿，是里撑外裹之劲，所以也叫"骑马蹲裆式"。

只有掌握关键点和诀窍，才能达到牢牢锁住体内阳气的目的。

一休的师父经常会跟一休说："悟性就在你的脚下。"其实站桩最大的玄机也是如此，这也是我经过多年的摸索体悟出来的。

2 动作要领关键词

▎双膝微曲	膝盖放松一下，似曲非曲
▎圆裆坐胯	裆部撑圆，胯向下坐，如有支点
▎铆胯焊膝	膝胯位置固定，犹如焊接
▎脚掌虚悬	足弓处不可踩实
▎脚趾抓地	脚趾微微抓挠地面
▎脚踝微移	脚踝前后微移，颠倒互为
▎脚跟微抬	脚跟微微抬起，如有一张A4纸置于脚底

▎立姿意象图（犹如骑马）

关于如何找到姿势的中正和力量的平衡均整，王芗斋老先生有一个"止啼之法"：姿势站好以后旋转尾骨的尾闾穴（也称长强穴）处，先从左向右微微转三圈，再从右向左微微转三圈。这时感受到体内好像有气在里面转了一圈，手心有一种过电的麻、胀或者像凉风吹过的感觉，就对了。

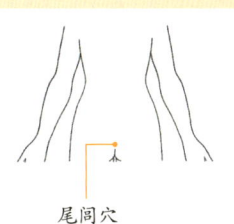

尾闾穴

3　立姿详解

双膝微曲

似曲非曲、似直非直。
我们正常站立时膝关节是偏直的，站桩时腿要懈怠地放松一下，向前弯曲一下膝关节，但永远不要超过脚尖。

如果我们的膝关节长久超过足尖，练完功以后，膝关节包括半月板都会受损伤。

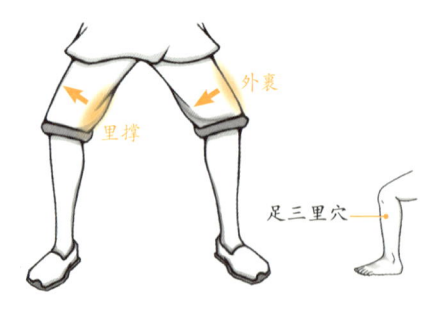

膝盖超过足尖　❌　　膝盖没有超过足尖　✅

外裹
里撑

足三里穴

圆裆

把腿的内侧向外撑起来，撑圆了，形如圆裆。腿上就有一个里撑外裹的力。外裹的力量能很好地刺激人体多气多血的后天"大药"**足三里穴**。

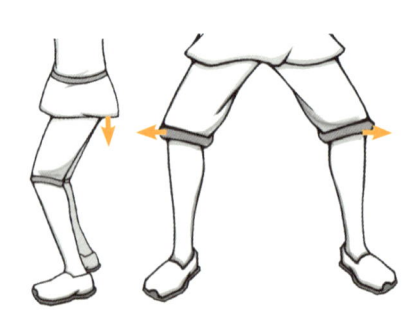

坐胯

胯往后坐时似乎坐到了一个支点上。坐胯的关键在于膝关节要打开，若膝关节向内并，胯就没法向下坐。

脚掌虚悬

脚趾、脚的外沿、前脚掌的里侧、脚跟是可以着地的，后脚掌的里侧（也就是足弓处）要拱起来一点，形成唯一的悬空，让腿部形成一个外裹的劲儿。

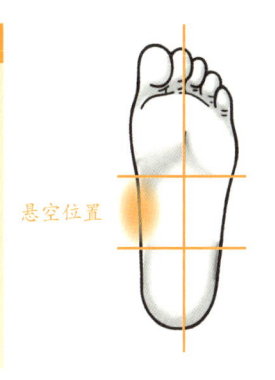

悬空位置

脚趾抓挠

脚掌用力时，脚趾要有不停抓挠的动作。

有些人站着时脚趾不停地去抓，这是不对的，累了再抓就行。

抓挠动作可以刺激到涌泉穴、太冲穴、三阴交穴。

公孙穴、太白穴，好多脾经穴位都在脚底，若是踩实就堵住了气机。后脚掌的里侧一着地，就堵住了这个位置，人的两腮就会变大。

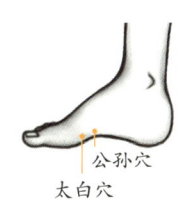

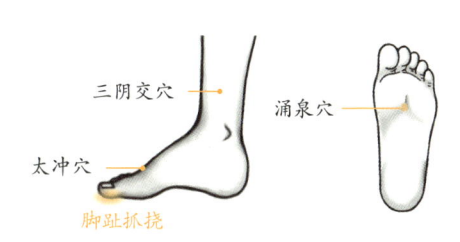

公孙穴
太白穴

三阴交穴
涌泉穴
太冲穴
脚趾抓挠

脚跟微抬、脚踝微移

站稳之后脚后跟向上一抬，似离非离，离地的距离只有一张 A4 纸那么薄。

圆裆时腿上有一个里撑外裹的劲儿，踝关节一前一后微微晃动，A4 纸正好就能塞到脚底与地面的缝隙里了，这时候身体的状态才是平衡均整的。

脚跟微抬的时候正好可以刺激祛湿除寒的重要大穴承山穴。

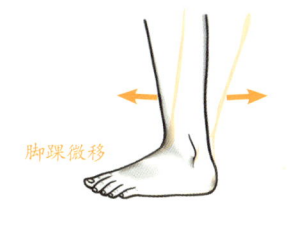

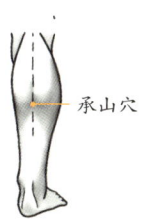

脚跟微抬

脚踝微移

承山穴

踝关节是全身承受重量最大的关节，也是最灵动的关节。

王芗斋先生说的所谓"大动不如小动，小动不如蠕动"的"蠕动"指的就是踝关节之动。因为只有踝关节前后移动时，全身晃动幅度才能达到最小，这也是过去桩法里古人的不传之秘。

为什么站桩后，腿肚子更硬实了？

很多朋友反映，自从坚持练习站桩后，腿肚子变得有力了，精神变好了，大便也成型了，这就是站桩的好处。小腿不一定会变粗，但是会变得结实。腿肚子硬实了，全身的抗疲劳能力、祛寒湿能力也就强了。正是因为此处有一个任劳任怨的承山穴。

高桩保护膝关节

过去传统武术讲的站桩，桩架都是"四平大马"，站得都很低，对膝关节的损耗很大。现在，站桩中的低桩调成了高桩，更好地保护了我们的膝关节。

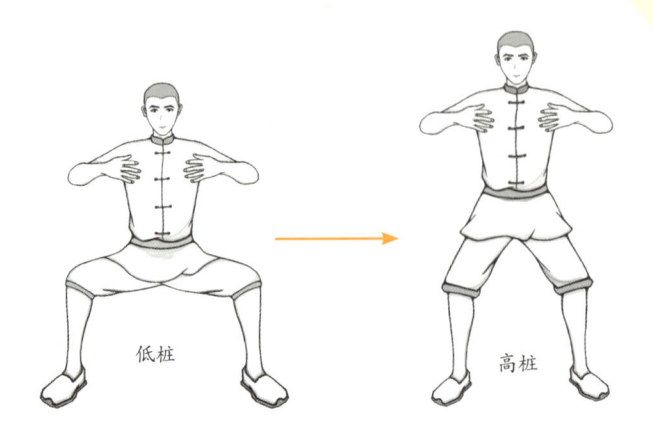

低桩 → 高桩

颠倒互为

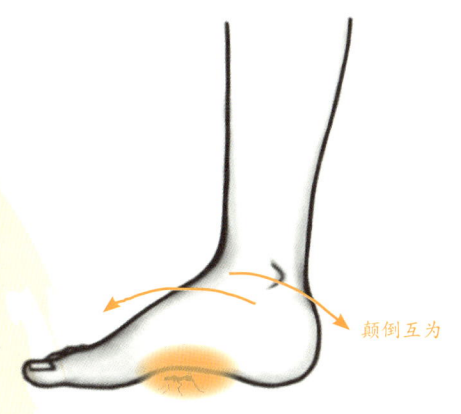

想象脚心有一只蚂蚁

脚跟要一直微抬吗？

当摆好姿势后，胯、膝是不动的，脚踝是可以动的，要想象脚心处有一只蚂蚁，脚跟着地时，蚂蚁向前跑，脚尖着地时，蚂蚁就向后跑，时而脚跟微抬，时而脚心悬空脚趾抓地。既不能一动不动把蚂蚁憋死，也不能动得幅度太大让蚂蚁跑了。

很多人错误理解为站桩时脚跟要一直微抬。站桩时前后脚掌和脚跟的位置要不断调整、互换，叫颠倒互为。其实，是脚掌觉得累了，就把力量放在脚跟上，觉得脚跟吃力了，再把力量放回脚掌上，也就是脚跟微抬。脚跟脚掌都不吃力了，就可以脚掌平铺，脚踏实地。

答疑

腿脚常见不适

膝关节疼痛 | 腿抖 |
手脚麻胀

不适 1：膝关节疼痛

站桩不但不会导致膝关节不舒服，而且对很多膝关节的病变都有很好的预防跟治疗的作用，不仅是调理，还能治疗。如果膝关节出现疼痛，无外乎是以下几个原因。

一是站桩时腰没有完全松下来，腰椎的平衡感出现问题了。这时候很有可能伴随着腰骶髂关节的小关节紊乱，站的时候常常是一条腿吃劲，一条腿不吃劲。

二是在站桩时，下蹲过低，膝关节曲度过大。

三是站的时候过于僵紧，而且总强迫自己去坚持，导致身体局部吃力，引发膝关节不适。

在临床上，我经常听到一些练太极拳的中老年人说自己膝关节一直都不好，其实是因为他们在做某一个动作的时候，膝关节超过了足尖，或者把全身的重量都放在了某一条腿的膝关节上，导致膝关节受损。对于姿势不正确导致的膝关节疼痛不需要用任何药，纠正一下自己的姿势，过一段时间就会慢慢恢复的。

不适2：腿抖

站桩时腿发抖是很正常的，这是一个换劲的过程，是把后天所获得的那种拙力换成先天的灵劲。

腿抖主要有以下几种情况。

第一，腿抖多半是由于肌肉运动障碍，气血欠通或疲劳过度，或生理上有其他缺陷造成的。此时只要防止疲劳过度，注意舒适得力，力求放松，避免僵紧，一般经过一两周，气血通畅，肌肉灵活，就不抖了。

第二，如果在站桩的过程当中，你觉得两只脚不在一条线上，有前有后，或者是出现一些轻微的抖动，可以稍微前后活动一下，把这种不适感消除就可以了。

第三，感觉不到疲劳，只有规律的颤动。这是经络和气血闭塞已经消除的好现象，不必刻意去抑制，也不要有意识地扩大，顺其自然就可以。

每个人用力习惯是不一样的，比如售货员长时间站立，容易静脉曲张，办公室一族习惯长期伏案，容易腰肌劳损。再比如有些人走路是内八字或者外八字，时间长了都会导致骨盆变形，而骨盆跟肌肉间有一个整体的牵拉，这些与先天完全不同的后天用力习惯在站桩"返回先天"的过程中都会形成障碍。

站桩时需要四肢肌肉保持持续性的收缩状态，随着站桩时间的延长，工作着的肌肉群就会发生不同程度的震颤。

主要分为以下三个阶段。

站桩初期震颤轻微，不见于形，但用手抚摸时会有所感觉，这种震颤是由膝到大腿的。

一段时间后，震颤明显，大腿内侧外侧肌肉有规律、有节奏地颤动。

再过一段时间，身体外形上可看出颤抖现象。有的人颤抖的幅度很大，经过一段时间的颤抖之后，由于肌肉的耐受能力和神经系统的控制力增强，颤抖又逐渐变为震颤，最后不显于外形。

在站桩中，身体会重新调整并建立先天模型，打破你后天形成的不健康模型。

不适3：手脚麻胀

站桩时之所以有手脚麻胀的感觉出现，有几种原因。

第一，这是由于站桩后毛细血管扩张、血液循环畅通、血流加快。这种最容易表现为手指或整个手掌麻胀，有的人手臂、腿、脚也会出现这种感觉。

第二，站得太僵，很多人脚发麻就是这种情况。

站桩并不是一动不动，一方面要颠倒互为，另一方面意念上需用意体察全身，保持浑身上下关节似曲非曲，想象自己站在齐胸深的温泉当中，前后左右有水波轻轻晃动，身体也要随之晃动。

第三，裆不夹，脚不撑，没有做到圆裆坐胯，把所有的力量都放在前脚掌上了，这样脚就会发麻，站僵了，就很累。

延伸

相关重点穴位讲解

承山穴 | 足三里穴 | 公孙穴 |
太白穴 | 三阴交穴 | 太冲穴 |
涌泉穴

承山穴

| 位置 | 承山穴在小腿肚子正中间，这里的肌肉呈"人"字形，承山穴就在人字一撇一捺的交界处。 |

图示

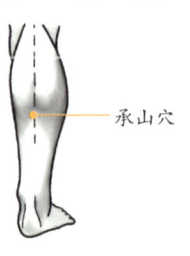

承山穴

| 归经 | 足太阳膀胱经。足太阳膀胱经主人体一身之阳气。 |

| 功效 | 承山穴是全身承受压力最多的筋、骨、肉的集结之处，同时又是人体阳气最盛的经脉枢纽。所以，刺激承山穴能振奋足太阳膀胱经的阳气，祛除人体湿气，治疗各种疼痛，而且也是治疗抽筋非常灵验的一个穴位，因为中医学认为抽筋主要还是受到寒湿的侵袭。抽筋时只要按揉一下承山穴，症状就会缓解或消失。 |

| 动作关联 | 脚跟微抬。 |

	足三里穴		公孙穴
位置	膝眼下三寸两筋之间的位置。中医里的三寸一般是四横指。	位置	位于足部内侧，足弓骨的下方凹陷处，属于足部胃的反射区。
图示		图示	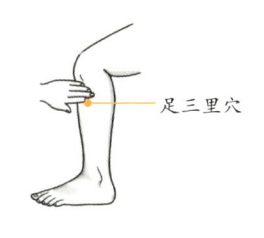
归经	足阳明胃经	归经	足太阴脾经
功效	"长按足三里，胜吃老母鸡""要想身体安，三里常不干"，意思就是要长期刺激足三里穴，只有多气多血身体才有能量，产生巨大能量的开关正在足三里穴上。足三里穴自古就有"长寿穴"的称谓，对增强气血功不可没。	功效	它是治疗胃痛、胃溃疡常用的穴位。
动作关联	圆裆。	动作关联	脚掌虚悬。

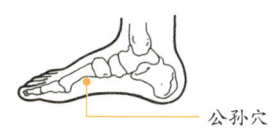

太白穴

位置 位于足大趾内侧缘，第一跖趾关节近端的凹陷处。

图示

归经 足太阴脾经

功效 太白穴为人体十二原穴之一，原穴就是腑脏原气的停留之处。腑脏有病变时，原穴就会有反应，刺激太白穴可治脾胃系统的疾病，比如腹泻、慢性便溏、消化不良、长期羸瘦等症。

动作关联 脚掌虚悬。

三阴交穴

位置 位于小腿内侧，胫骨内侧缘后方。足内踝向上三寸位置。

图示

归经 足太阴脾经

功效 三阴交位于肝经、脾经和肾经的交会之处，阴经如此集中的穴位，人体仅此一个，所以它能够协调肝、脾、肾之间的关系，是调畅全身气机的重要之穴，常用于泌尿系统疾病及妇科病的治疗。

动作关联 脚趾抓挠。

太冲穴

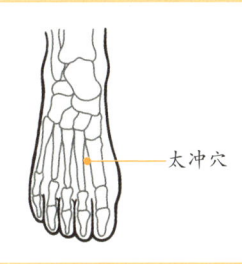

位置	位于足背侧，第一、第二趾跖骨连接部位的凹陷处，俗称"消气穴"。
图示	
归经	足厥阴肝经，是肝经的原穴。
功效	按压太冲穴，可以泻掉肝经上的邪气。对于那些典型的一生气就犯病的结肠炎患者，刺激这个穴位效果非常明显。
动作关联	脚趾抓挠。

涌泉穴

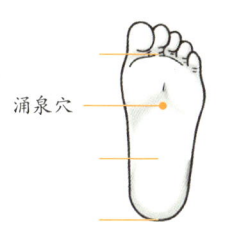

位置	位于脚心，足底前三分之一的凹陷处。涌泉，顾名思义，就是泉水奔涌而出的意思。
图示	
归经	足少阴肾经
功效	涌泉穴主管人体的水液代谢以及泌尿生殖系统。"树老根先枯，人老脚先衰。"脚的正中便是涌泉穴，肾水起于涌泉，涌泉穴可谓集多个"重中之重"于一身。
动作关联	脚趾抓挠。

【穴位小课堂】 涌泉穴

涌泉穴是肾经大穴，养生的必用之穴。《黄帝内经·素问》"六节藏象论"一篇中说："肾者，主蛰，封藏之本，精之处也。其华在发，其充在骨，为阴中之少阴，通于冬气。"真是句句不虚！人到了中老年，先天之本渐渐不足，很容易出现肾水不济，上身易旱，下身易涝，好比雨水不均匀，河渠不通畅，处处都可能"闹灾荒"。脸上皮肤开始失去弹性，皱纹增多；思维变迟钝，记性不如以前了；头发白了，骨骼也脆了，连说话的声音都显得苍老无力；有人甚至下身臃肿，懒得动。虽然这是自然规律，但我们完全可以通过后天的努力延缓衰老。方法就是使用这个中老年人养生治病的绝佳首选——涌泉穴。

第一，因为涌泉穴是肾经的井穴，所以，它能治与肾系统相关的众多疾病。例如泌尿、生殖这两个系统的疾病。

第二，肾主水，水液代谢不利，会导致水沉下焦（指脐以下至二阴部位，包括肝、肾、大小肠、膀胱、子宫等），积成一潭死水。人腰部及腰部以下的病，95%都与水液代谢不利有关，小腹急痛、泄而下重、足胫寒而逆、腰痛、腹胀等。而刺激涌泉穴喷涌出新鲜的"甘泉"，能疏导死水，令身体恢复活力。

第三，涌泉穴还是下火的穴位。心系统（也就是心血管系统和精神系统）的疾病大多是因为心火太旺引起的，如心痛、心烦等。水克火，涌泉穴就好比灭火用的水龙头，正好把过旺的心火浇灭。

涌泉穴对肺系统和肠胃系统疾病、腰椎病、皮肤病等都有很好的疗效。总之，这是一个威力无穷的穴位，临床上有很多意想不到的妙用。

"六面争力，体成一块"，这是混元桩法的关键。站桩时，在意念里要上下相争、左右相争、前后相争。不论从哪一方面，有人一触即刻六面爆炸。久之，内劲真力即本能活力，自然而生。

——王芗斋《大成拳谱》

三　桩姿分解：抱

1　标准：里撑外裹

"抱"真正的窍门叫里撑外裹，胳膊往回抱的同时往外撑裹。

两只手抱着时对上下的要求是，高不过眉、低不过脐，一开始抱的高度以肩不酸为准，感觉累了就可以放低一点。

对左右的要求，以鼻子为人体的中线，左手不往鼻右去，右手不往鼻左来，当两只手超过鼻子的一侧时人的中心就要偏移了。

对前后的要求，两手距离身体不超过一尺，约30厘米。

胳膊向回抱的时候，提胸抬头，全身的力量是很圆满的。要想象自己抱了一个球或者鼓，胯要微微向下坐，腰略向后突，保证小腹是松圆的，因为小腹松圆以后我们把气沉下来气定神闲。

要用心体会这种松而不懈、紧而不僵的感觉。

2 动作要领关键词

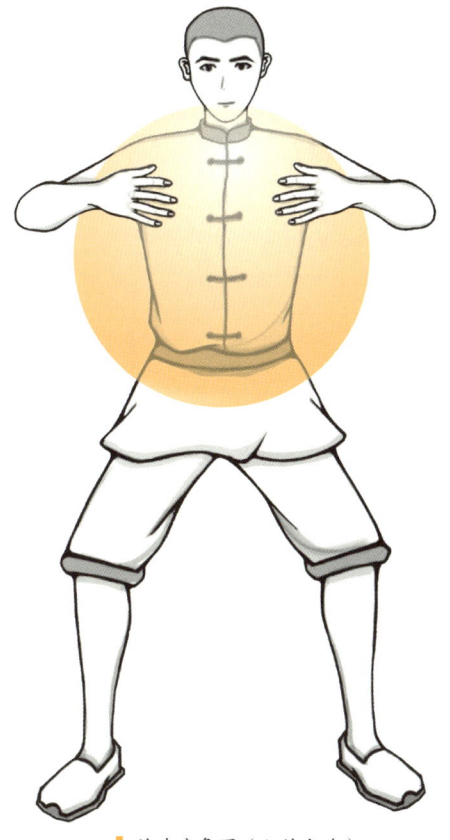

▌肩撑肘横	拉伸背部，拉开肩胛骨
▌提胸抱球	拉开胸廓，散开胸中大气
▌腋下容球	腋下力道松紧得宜
▌双手撑圆	虎口撑圆，掌心内凹，十指分开，小拇指微勾
▌铆肩焊肘	肩肘固定，如同焊接
▌腕指灵活	腕部和五指是可以活动的，要保持不僵

▌抱姿意象图（如抱大球）

> 汉代文学家贾谊在其《新书》卷六"容经"中谈到了"抱"，叫"臂如抱鼓"。抱的是竖高的手拍鼓。这种鼓的侧面是圆的，人拍鼓时要用小腹、大腿、膝关节夹住它，所以，鼓和身体是贴在一起的，这就要求在抱鼓的时候身体各个部位都是圆的，姿势要随着鼓的弧度改变。

3 抱姿详解

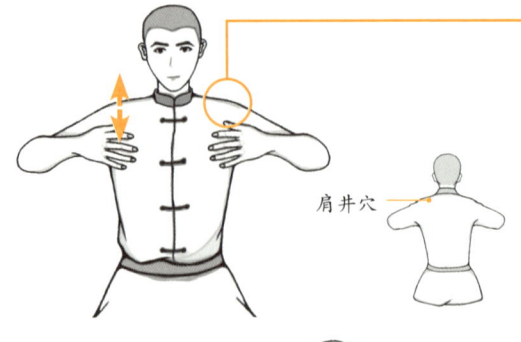

肩撑

肩撑会打开肩井穴，让气机顺利升降。

肩膀微微用力撑起的同时，要用心体会肩膀放松下沉的感觉，感受矛盾的力。

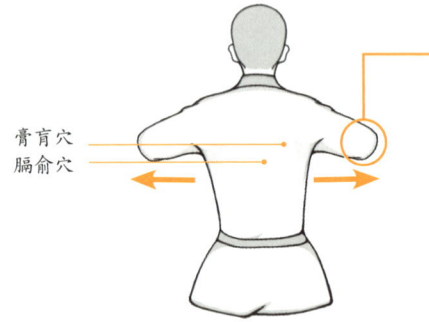

肩井穴

肘横

肘横以后，把两个肩胛骨就给拉开了，拉开以后它就往平着走，这个时候背部的膏肓穴和膈俞穴也能获得拉伸刺激。

膏肓穴
膈俞穴

提胸

肩撑肘横时胸部的配合动作是提胸，不是挺胸，不要前后动，要向上提，提起它，然后拉开它，打开膻中穴所在的位置，把胸中大气散开，疏散郁闷和烦恼。

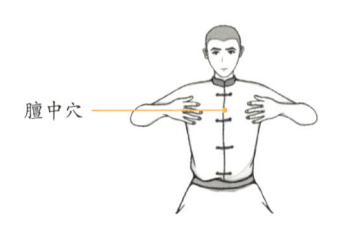

膻中穴

抱球

双臂成抱姿，如同抱一个大球。用力轻了这个气球就飞出去了，用力紧了这个气球就爆了，体会里撑外裹的感觉。

腋下容球

腋下容球，就是腋下这里能放一个球。更形象的说法就是站桩时两个腋下要如同各夹一个山东大馒头。站桩的时候，手的高度可以上下动，夹的力道不能变，往下放一点，你就把它夹成烙饼了，往上一点，馒头就掉了，目的就是让你的肘要横出来，才能够利于肩活。

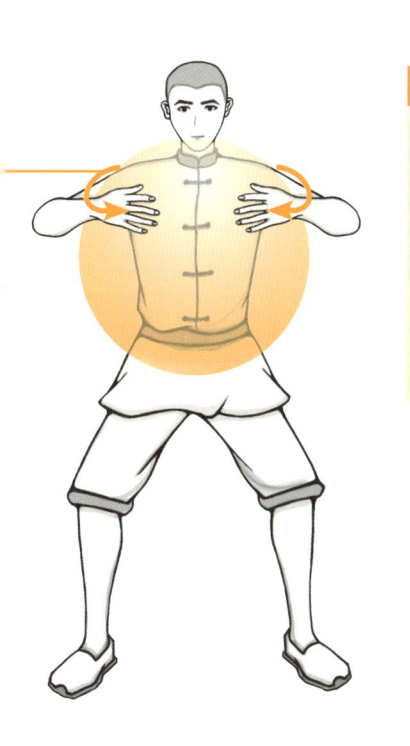

双手撑圆

掌心内凹，虎口撑圆。十指要张开，如夹香烟，小拇指微微内勾，十指一松一紧。指内关节往里夹，指外关节往外顶，能刺激到掌心处的劳宫穴和虎口处的合谷穴。

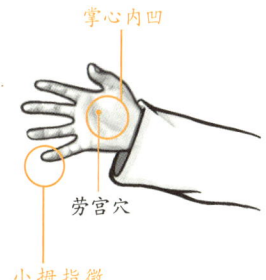

掌心内凹

劳宫穴

小拇指微微内勾

虎口撑圆

合谷穴

外关节顶出去

内关节往里夹

应对肩紧的小妙招

我在早期站桩的时候，把手往胸前一抱，两三分钟后肩就紧得不得了，趁着老师眨眼的功夫，赶紧把胳膊拿下来放松一下。老师看到后就会过来让我肩别动，把手放下来，然后拿起我的手颠一颠，把胳膊抬上去。这样调整完了以后，我就会感到非常舒服。

我们现在站桩极少有人在旁边帮你做这些，接下来要讲到的这套"松肩五部曲"跟老师手把手松肩有异曲同工之妙，掌握了它，也就保证了站桩时的"形"是正确的。

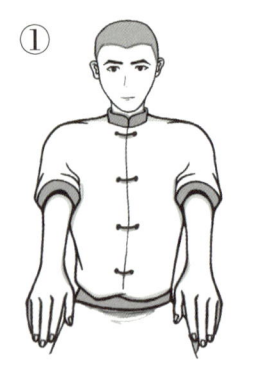

① 双手抬起，两臂平行与肚脐高。

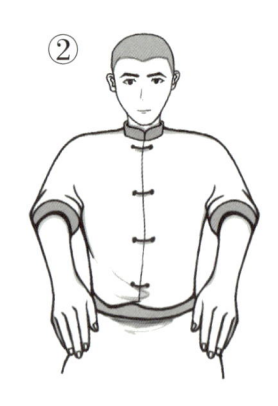

② 双手保持原位不动，双肘稍微向外展开，双手在脐上的位置。

松肩五部曲

④ 双肘稍抬高，但仍略低于双手。

③

双手抬到比双肘高的位置，双手略高于肩。

⑤

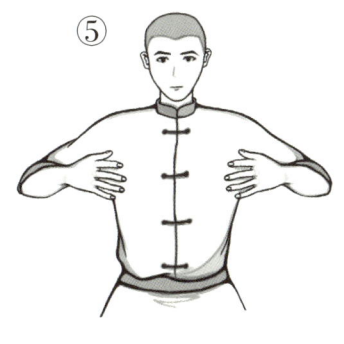

双手十指自然张开，双臂在胸前做抱球状。

站桩的时候，为什么胳膊不能伸太长呢？

第一，会造成无意识的紧张。站桩时胳膊如果太往前伸，后背皮肉绷紧，膏肓穴和膈俞穴的位置就僵住了，气血就不通了，而这两处恰恰是气血运行非常重要的通道，人衰老的表现之一驼背实际上就发生在膏肓穴、膈俞穴。

第二，胳膊伸远了会导致重心失衡，身体力量不均整，心口也会跟着发紧，造成不适，站桩效果大打折扣。

当然，胳膊伸长不是说绝对不对，但站桩初期不建议。

了解三体式

过去练形意拳的三体式，老形意拳家们打出来的拳看上去很舒服，肘是要往外撑的，肘是一个角，腕也是一个角，打拳时"哗"一下就出去了，进攻跟防御是一体的，攻防合一，也即打顾合一。

答疑

上身常见不适

肩硬、疼痛等 | 蚁行感 | 打嗝

不适 1：肩硬、疼痛等

在站桩的过程当中，我们随时要调整自己的肩部和自己的意识。我经常说站桩要占便宜不吃亏，占便宜是说站的过程当中哪儿酸了，哪儿紧了，哪儿不舒服了、不得劲了，你要随时进行调整，不要忍着。练习站桩的过程，就是一种"找病"的过程，随即又在发现这些不适的时候，你会感到酸、麻、胀、痛、痒、累等，这些反应会进一步提示你。

出现疼痛酸麻胀等不舒服的感觉时，通常是我们的意识过于紧张，并且自己没有关注到。对此，我给大家一个提示：疼痛即是僵紧点。王芗斋先生讲，在站桩的时候不要过于着相。"着相"是一个佛教名词，意思是不要执着于外相、虚相，也就是说你不要紧紧地盯在一个点上，因为你越关注肩的不舒服，它越不舒服，越不舒服你越关注它，是一个恶性循环。所以不舒服的时候，你稍微调整一下，把它"化开"，从不舒服到舒服，慢慢来。

针对这些不舒服的地方要有整体的调控意识，我们要在过程当中用心去体会自身的位置在哪儿。气机的升降浮沉如何，这很糟糕。你站在那儿要想象一下，感觉自己是头顶着青天，脚踩着大地。

像王重阳有一首诗所说："两脚任从行处去，一灵常与气相随。有时四大醺醺醉，借问青天我是谁？"大意就是说我已经不知道自己是谁了，醉醺醺的感觉心情很美，内心的狂妄也释放出来了，气势多么威猛。咱们就是要通过站桩把这个浩然之气给它养出来，你在姿势的升降浮沉中，保持了气息的均整，然后呼吸不紧张、不急迫了，就达到理想的状态了，自然而然就远离病痛了。

不适 2：蚁行感

蚁行感就是感觉有蚂蚁在身体里边倏倏地游走爬行的感觉，类似于微微触电又不完全是触电的感觉。

会产生轻微的蚁行感或跳动感，甚至有一点点的刺痛感，是因为我们在站桩的过程中充分调动了体内气血，一些轻微淤堵的毛细血管被打通了。

随着练功时间的增加，这种蚁行感会扩大到全身，甚至出现酸、胀、痒等诸多的感觉。不必太过在意，这些现象随着身体的适应和恢复会逐渐消失。

不适 3：打嗝

这是恢复膈肌正常位置的过程。有的人一站桩就不停打嗝，是因为原来膈肌没在正常的位置上，站到一定程度拉开了，就不再打嗝了。

延伸

相关重点穴位讲解

肩井穴 | 膏肓穴 | 膈俞穴 |
膻中穴 | 劳宫穴 | 合谷穴

肩井穴

位置	它在双肩上的凹陷处,因凹陷颇深,犹如深井,故得此名。位于第七颈椎棘突下与肩锋连线的中点。
图示	肩井穴
归经	足少阳胆经
功效	肩井穴有很好的降气作用。肩颈部是调和人体平衡的枢纽,肩部绷紧带来颈椎的紧张,肩颈紧张则导致全身紧张。
动作关联	肩撑。

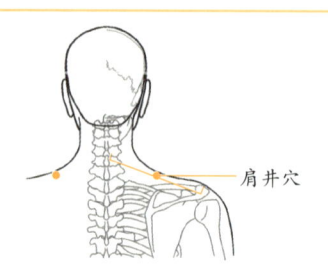

膏肓穴

位置 在脊柱区，第四胸椎棘突下，后正中线旁开三寸。

图示

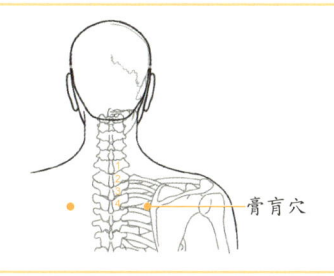

膏肓穴

归经 足太阳膀胱经

功效 膏肓穴和膈俞穴的位置距离不远，体内的淤血会聚集在膈俞穴这里，如果膏肓穴和膈俞穴的淤血连成片，基本上就是死症不治，对一些重症患者，我们经常会形容这个人已经"病入膏肓"。因为膏肓穴这里用针和灸都进不去，药也进不去，但这个位置可以通过站桩把它拉开。

动作关联 肘横。

膈俞穴

位置 在脊柱区，第七胸椎棘突下，后正中线旁开1.5寸，与肩胛骨最下端平齐的地方。

图示

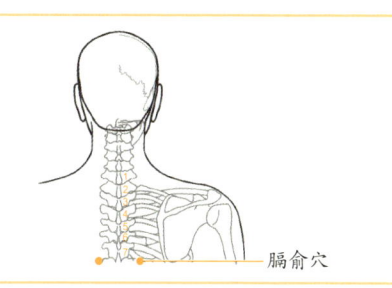

膈俞穴

归经 足太阳膀胱经

功效 所谓"俞"，就是"输"，转输、输注的意思，比如肺俞就是肺脏的转输、输注之穴，对于保养肺部和治疗肺部的疾病都有极其重要的作用。其他脏腑的"俞"穴也是如此。

动作关联 肘横。

	膻中穴		劳宫穴
位置	在胸部，第四肋间，前正中线上，约是两乳头连线的中点。	位置	掌区，横平第三掌指关节近端，第二、第三掌骨之间偏于第三掌骨。
图示		图示	
归经	任脉	归经	手厥阴心包经
功效	可以纾解郁气。实际上，一切与气相关的毛病，包括哮喘、心悸、心烦，都可以找膻中穴来"帮忙"。	功效	劳宫穴五行属火，有清热安神、泻肝火的功效，养心作用明显。如果有睡眠困难、神经衰弱、焦灼不安，可以刺激掌心劳宫穴得以缓解。劳宫穴与涌泉穴并用养心养肾。
动作关联	提胸。	动作关联	双手撑圆。同时，当站立中触动脚底的涌泉穴时，体内气血通过掌心，劳宫穴会再次被调动，手心脚心发热便是劳宫穴被调动的表现。

合谷穴

位置　手背部,第二掌骨桡侧的中点处,手掌虎口位置。

图示

合谷穴

归经　手阳明大肠经

功效　具有明显的镇痛作用,可以缓解头痛、痛经以及精神过度紧张。如果您情绪波动大,身体就会失去平衡。这时可以用脚上的双太冲穴配手上的双合谷穴,就能把坏心态调整过来。

动作关联　双手撑圆。

【穴位小课堂】　肩井穴

人体如一口生命之井,肩井穴就是井口。那么井底在哪儿呢?在脚底。脚底有个涌泉穴,是这口井的泉眼,生命之水正是从此喷涌而出。若想身体从上至下轻松通泰,我们就必须要经常清理好这口生命之井。

中医的推拿医师在给患者进行推拿的时候,基本都是先以推拿肩井穴作为开端,然后再推拿病灶关联的部位,最后再以推拿肩井穴作为收尾。因为,当一个全身紧张、气血不畅的人来到门诊时,只有让他的身体彻底放松下来,才能更加易于施术,同时也更易于调动周身的气血和穴位,合力对抗病邪,从而收到一个比较好的治疗效果。

那么为什么最后还要再以推拿肩井穴来收尾呢?这是为了将先前充分松开的气血再紧上一紧,让它们回到各自正常的运行轨道上,继续规律运行。我们在清理身体这口井的时候,要先把井盖打开,接着该怎么清理就怎么清理,清理完毕,还得记得再把井盖给盖上。

【穴位小课堂】　膻中穴

在日常生活中，每个人都会遇到不顺心的事或是看不惯的事，倘若把这股子郁气、闷气都憋在心里，就会觉得心里难受，堵得慌。这个时候，你一定不要忘了膻中穴。

《黄帝内经·素问》中说："膻中者，臣使之官，喜乐出焉。"心在胸中，心理上的很多问题膻中穴都能治疗。因为膻中穴是手厥阴心包经的募穴（脏腑之气汇聚于胸腹部的一些特定穴位），心包经之气汇聚于此；在人体"四海"（指"髓海""血海""气海""水谷之海"）当中，膻中穴又为气海，为宗气（聚积在人体胸中的气）汇聚的地方。胸中郁气纾解，人才会喜乐，那么宽心理气自然少不了这个穴位了。

延伸

不同抱姿

提抱式 ｜ 扶按式 ｜ 分水式

初学站桩的人,只要身体没有严重疾患或特殊情况(如肢体残缺等),可尝试多种抱姿。

提抱式

要领 1： 两脚八字形分开,与肩同宽;

要领 2： 两脚着地平均用力,全身力量放于脚掌稍后处;

要领 3： 两膝微曲,向前最大限度不过脚尖(少曲或不曲应视病情而定);

要领 4： 上体保持正直,臂半圆,腋半虚,肩稍后张,使心胸开阔,呈虚灵挺拔之势。

要领 5： 双手手指相对,相隔三拳左右,位于脐下。掌心向上,有如抱大气球。

要领 6： 头正或稍后仰,目闭或自然睁开(多用于练功开始阶段),嘴微张。全身放松,但松而不懈,保持似笑非笑的状态。

扶按式

在提抱式基础上演变的姿势。

站立姿与前一致,抱姿变化如下:

要领 1:两臂稍起,手指分开稍弯曲向斜前方,双手位于脐际;

要领 2:手心向下偏外方,有如扶按在飘浮于水中的大气球上。

其他要求与提抱式同。

可以借助家中的餐桌或者书案完这个动作。

分水式

站姿与提抱式同。

要领 1：两臂稍弯曲并向左右侧自然伸展，双手保持在脐横线以下。

要领 2：手指分开，手心朝前或朝下有如分水。

其他要求与提抱式同。

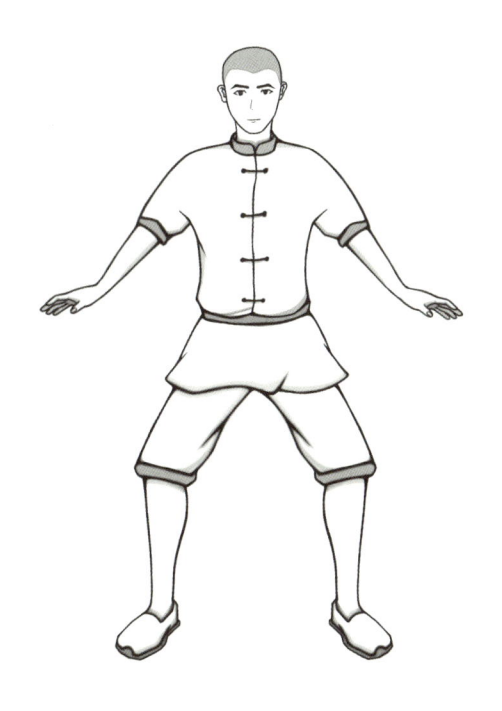

四 | 桩姿分解：头、面

1 标准：四容

四容是指头直、目正、神庄、声静。

我们平均、平衡、均等地站好，首先是为了利用站桩这个姿势让形体中正，形体中正才能气机通畅，使人体的五脏位置回归到它们原来正常的生理解剖位置上。

怎么才能真正达到五脏归位呢？仅仅站立是不够的，要靠你的身体的四梢"紧"起来，对五脏进行有效的牵拉。

梢是指物体之末端。形意拳中所讲的四梢，即人体之中的血、肉、筋、骨的末梢。发为血梢，舌为肉梢，指（趾）为筋梢，牙为骨梢。其中，面部这三梢，发通于肝，为血之余；舌通于脾，为肉之余；牙通于肾，为骨之余。

所以，站桩看似站的是外在，其实锻炼的是内在的劲道。如果四梢稍微用力撑一点，五脏便是一个松弛的状态，一松懈，五脏反而会被牵拉起来！

头面部的姿势要领涉及的就是牙齿、头发、舌头这几个梢节部位。

2 动作要领关键词

▎头顶项竖	头向上顶，颈部微用力
▎头发"炸毛"	想象危险近前，偶尔用之
▎眼睛平视	目视前方，似闭非闭
▎耳朵上拎	稍微用力提一下耳根
▎齿欲断金	牙齿似咬非咬，不过力
▎舌顶上颚	舌头自然顶在上颚
▎似笑非笑	表情放松自然

▎头面意象图
（想象头顶有绳子）

> 眼睛平视前方，耳根、舌尖、牙齿都找到相应力度，自然形成似笑非笑的表情，感觉头顶上有一根绳子在往上吊着我们的身体，身体很轻，悠悠荡荡的，这样自然就能做到摒除杂念、凝神意定了。
>
> 这时候好比天降甘霖，滋润万物，把人体退化的机能、心神和意志重新激活，让人振作。

3 头、面动作详解

头顶

头顶稍微向上顶一点，往上一旋。千万别使劲顶，使劲就错了。

头向上顶的时候，头顶心百会穴的位置要做到"暗缩"，如同放一个小茶杯，产生一个上下矛盾的力。头向上顶的动作可以很好地刺激到百会穴。

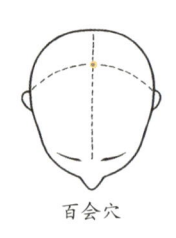

头顶暗缩

百会穴

项竖

项就是脖颈，也就是我们看到孩子犟嘴梗脖子的部位。站桩时脖子这个地方要稍微梗起来一点点，但不能太使劲。同时，下巴和锁骨之间如同夹了一个小球，不许仰头，也不许低头。

颈部稍用力

下巴和锁骨如夹球

老拳谱中有话："喉头永不抛，打遍天下英豪。"下颌往回一夹，藏住喉头，下颌和锁骨之间要有一个夹劲，头自然就顶上去了，脖子自然就竖起来了，重心稳了，这个精神头儿就出来了。

眼睛平视

眼睛向上看，气往上走，眼睛向下看，气向下走，眼睛平视，气是在胸中，它是持中的。眼睛要平视，目视前方，相当于水平仪里的小水珠，要找到最中间的点。

目视前方

站桩时完全闭眼容易感觉昏沉、晕眩感、身体晃动不稳定，所以垂着眼帘似闭非闭就够了。这样神光内敛，就有了聚精会神的效果。

耳朵上拎

人是可以通过神经末梢来让耳朵动的，可能别人看上去不是很明显，但自己能感觉到动了一下。耳朵上拎就是用神经功能把耳朵向上稍微拎一下，提一下耳根的劲。

耳根微提

齿欲断金

齿欲断金的意思并不是让你真正去咬金属，但牙齿要有断金之力。

实际上是上下牙之间要有一个缝隙，不可使劲地咬着后槽牙，这时表情自然地似笑非笑。

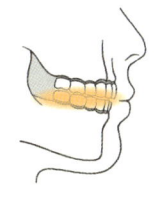

牙齿似咬非咬

头发"炸毛"

此处指的是人的应激反应能力。头发是人体的血梢，我们在练习时，偶尔可以想象自己身处七尺毒蛇三尺猛兽面前，目的是提高身体的应激反应能力。但只建议偶尔为之。

舌顶上颚

这一点不需要刻意，静下来放松之后，舌头自然就顶在上颚这个位置。

站桩中，舌尖上抵，有促进向上发动劲力的作用；舌尖前抵，有促进向前发动劲力的作用；舌尖下抵，有促进向下发动劲力的作用。

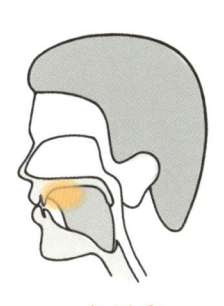

舌顶上颚

127

似笑非笑有什么好处？

做好前面这些动作，表情自然就会似笑非笑了。

人在微笑时，嘴角一上扬，面部42块表情肌就被拉动起来，可以让整个大脑皮层都得到放松。喜则升阳，这也是从面部的形上去调整意念，让人能更快地摆脱烦恼情绪。

调整面部肌肉的重要性

《演员的自我修养》这本书里就写到一个演员，虽然表演很卖力，但感情不能自然流露，在她演到情绪激动的情节时，她右边的眉毛总会轻微地抽搐，于是导演建议她在演到吃力部分时，试着使面部肌肉完全放松下来。

等她成功地做到这一点的时候，她身上的所有肌肉也都自然而然地放松下来了，就像换了一个人，身体变得轻盈起来，面部表情也变得灵动，能够生动地表现出人物的内心情感。

所以，一块肌肉的压力，在某个时刻，能够从精神上和身体上成就和改变一个人。

头顶项束在传统武术中为什么很重要？

头，也有领的意思。前文中讲到武术中有一个三体式，这个姿势就要用到头、上肢和下肢的合力。当一个人头向上顶的时候，脚一定是向下踩的。没有头顶项竖，"钻裹践"的身法是出不来的。

我年轻时想跟八卦掌名家解佩启老先生学习尹式八卦掌。老先生一摸我的脖子就说："算了，别跟我练八卦掌了。"我问怎么了，他说："你学不了这个。"时间长了以后我才知道，他不教我八卦掌，是因为我脖子这个位置是软的，用解老先生的话来讲，就是"没反骨"。没有反骨的人，练拳打不了人，打人不狠，所以一摸脖子就知道我再怎么练也不行。

拳头是钻，身法是裹，步法是践，一个践步"啪！"就过去了，要把"钻裹践"这一拳整体打出来，离不开头顶、项竖的功夫。只有做到这两点，习武之人才敢往前近身，不找到这个"中"，拳根本就打不出去。

答疑

头面部
常见不适

流眼泪 | 疼痛

不适1：流眼泪

有人站桩时会不停地打哈欠，眼泪哗哗掉；还有人站着站着眼泪不由自主流下来，这些都是清除体内瘀浊之气的排毒现象。

因为站桩让身体形正气顺后，肝气生发，增加了肝脏的排毒功能。肝开窍于目，以流泪的方式把毒素排泄出来。

不适2：疼痛

有些身体局部受过伤或开过刀的人，站桩初期病灶部位的疤痕处会发生瞬间疼痛。如神经衰弱患者出现头痛，胃肠病患者出现腹痛，肝炎患者肝区的痛感甚至超过平时疼痛的程度，甲状腺肿大者站桩一段时间后局部有针刺感等。

这些都是练功后自然的生理反应，说明站桩引发机体调整生理活动，提高了身体修复的能力。这些现象一般在三五日后即自然消失。

延伸

相关重点穴位讲解

百会穴

百会穴

位置	头顶中央重要的大穴，是人体的最高点。
图示	（头顶示意图，标注百会穴）
归经	督脉
功效	百会穴是诸阳之会，百脉之宗，各条阳脉在此处交汇，阳气虚了，可以通过刺激百会穴提气，阳气乱了，也可通过刺激百会来调理。穴通全身，四两拨千斤。
动作关联	头向上顶。

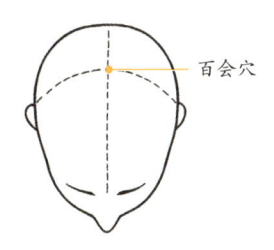

五 | 桩姿分解：呼吸

1 标准：
细慢匀长

当你静静地站住了以后，在调整桩姿时，就会发现身体的气机是一个升降沉浮的过程。

气机的升降沉浮是为了找什么？就是找人的重心。要找到重心，就要将意念集中于腰腹位置。

如果你的姿势站对了，五脏就能回到最舒适自然的位置上。当你的呼吸也调匀了，便能够体会到升降沉浮的气机到底在哪里最令你舒服。

当呼吸逐渐细、慢、匀、长，意念自然就慢慢集中了，在这一呼一吸之间，我们身体的元气会慢慢升起，气息便能达到我们身体的深部，充溢到筋骨、肌肉、经络和五脏六腑之中。

2 动作要领关键词

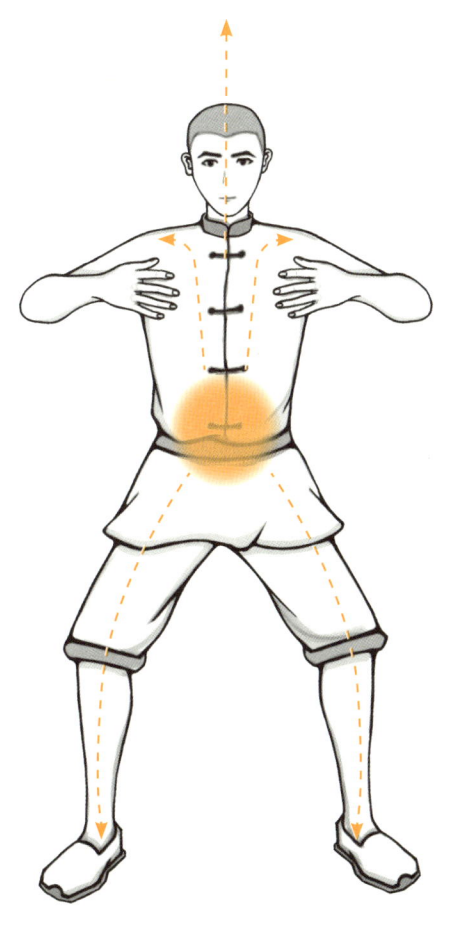

▎用鼻呼吸　　用鼻腔感受一呼一吸

▎小腹松圆　　小腹松软，不用力

▎腰部挺起　　挺腰，感受自然状态

▎呼吸意象图

3 呼吸要领

松腹　　挺腰

小腹松圆、腰部挺起

站桩的时候，腰部不要刻意往后鼓，要保持它先天的那种弯曲。应该用一点点的力，把腰挺起来，这个时候腰才是真正的松弛。

小腹则应保持松软，不要用力。

小腹有几种状态？

站桩时小腹是松圆的状态，发力时小腹是紧圆的状态，走路的时候小腹是实圆的状态，就是自然实际的圆。

发力时气是集中的，往下走的，就像一块大石头往水里一砸，溅起水花时，这个发力的动作就结束了，就可以把人给打了。当你真正发力时，腰一定要挺上劲，小腹往前一撞，腰向后一拱，这时候力量才能够出来。

松圆意象图 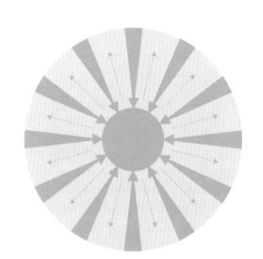　　　　　　　紧圆意象图　　　　　　　实圆意象图

为什么注意力要集中在小腹？

"丹田"我们可理解为就是小腹。为什么古人练功夫非常强调修炼丹田的功夫？因为守住丹田，就是守住人的中心和重心。

古代传统儒释道的一些修炼方法，大部分都在讲丹田是好东西，都是要让你去找丹田、守住丹田，目的就是要调动丹田内的"人体内药"，老子的"虚其心，实其腹"其实讲的就是极好的养生之道。

因为，当人们把注意力集中到小腹之后，心就安歇下来了，心一安顿，心慌、心神不宁、烦躁、困倦无神等症状都会很快消失。

延伸

相关重点穴位讲解

神阙穴 | 关元穴 | 带脉

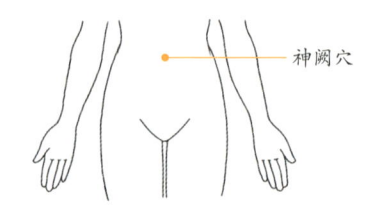

神阙穴

位置　肚脐中央。

图示

归经　任脉

功效　神阙穴主人之"心神",是人体五脏六腑之根,是神元归藏之本。平时我们忙于应付身边的工作和生活,心神都是散乱的,元气、元神就在这种散乱的状态中不断被耗散。神阙穴正是调整身体整体状况的"黄金分割点"。

动作关联　呼吸细、慢、匀、长。

关元穴

位置 在下腹部，脐中下三寸，前正中线上，即人们常说的"丹田"。

图示 关元穴

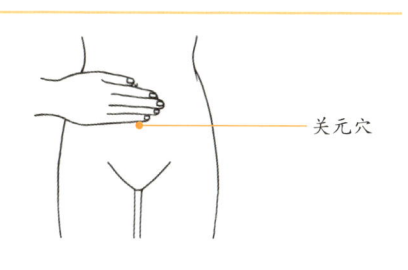

归经 任脉

功效 具有培补元气、通利小便的功效。

动作关联 调整呼吸，气流在体内游动，感受到小腹发热。

带脉（这里指经脉，带脉也可指带脉穴）

位置 位于腰部一周。起于季肋部的下面，斜向下行到带脉穴、五枢穴、维道穴。

图示 带脉穴、五枢穴、维道穴

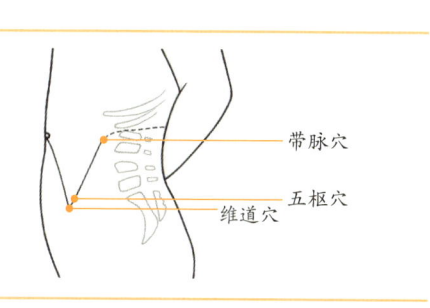

归经 足少阳胆经

功效 人体有十四经（十二经脉、督脉、任脉），有的从头走足，有的从手走头，纵向循行的部位都比较长，带脉正好对这些经脉起到一个收束的作用，就像把十四根细丝扎在一起，让身体拥有更大的承受能力。

动作关联 当我们双膝微弯，松腹挺腰之时，整个身体非常中正，这时带脉能起到收束人的经络与精神的作用。

【穴位小课堂】 神阙穴

阙，是君主居住的宫城的门，"神阙"就是元神的门户。民国时期的针灸奇书《会元针灸学》上写道——

"神阙者，神之所舍其中也。上则天部，下则地部，中为人部，两旁有气穴、肓俞，上有水分、下脘，下有胞门、横户，脐居正中，如门之阙，神通先天。父母相交而成胎时，先生脐带形如荷茎，系于母之命门。天一生水而生肾，状如未敷莲花，顺五行以相生，赖母气以相转，十月满胎，则神注入脐中而成人，故名神阙。"

我们都知道，脐带是婴儿从母体吸取营养的唯一通道。婴儿生下来后，这条吸收营养的通道就关闭了。所谓元神和元气，就是指人在生命开端那一刻就有的神和气，它的力量是很强大的，不然不能发育成生命。元神和元气一直伴着人走完生命的全程，而很多疾病都源于元气的衰弱，比如，精神萎靡不振、男女性功能不调、肠胃功能衰退，以及由气虚、气陷引起的内脏下垂、脱肛、子宫垂脱等，这些慢性病，可能伴随人的一辈子，但只要重新激活元气和元神，许多病都能被治愈。

要激发元气和元神，就要到它们居住的地方去找到它们，这个地方就是"神阙"。

【穴位小课堂】 带脉

传统的中式裤子是高腰的，裤腰正好在带脉处，腰带正好束起带脉，穿这种裤子人是比较容易集中精神的。

现在西式的裤子裤腰越来越低，有的牛仔裤只是紧紧包住了胯骨而已，完全不用系皮带，或者即使系皮带也是松松垮垮，仅为装饰。穿着这种裤子，人坐下的时候，裤腰不是抵在肚脐上，而是勒在肚脐下方。当裤子很紧的时候，会感觉一呼一吸都短促无力，无法让呼吸自然拉长放缓，这种短促的呼吸只能把气送到胸腔，而到达不了丹田。经过长期的临床观察，我发现现代人气虚，精神涣散，与穿这种低腰裤不无关系。

我们劳累了一天，夜晚全身的经络都处在放松状态，带脉只需轻轻把它们揽住就可以了，就像在小河里随水飘动的水草，用手轻轻就能挽住。

但是白天，人劳作时就需要精神集中、精力充沛，这就要靠带脉了。带脉能收束人的经络，经络通于脏腑，脏腑关乎情志，由此带脉能收束人的精神。激光之所以能在几秒钟内穿透钢板，是因为可以把全部的能量集中到一个点上，带脉正有这种集中力量的功效。

六 整体法则

1 练提不练顿，感知矛盾力

提和顿本身是一对相互矛盾的反作用力，一个向上一个向下。

其中顿是后天养成的用力习惯，因为地心引力会令身体下垂，往下落的姿势是顺畅舒服的。随着年龄的增长，嘴角下垂，脸部皮肤也开始耷拉下来，老态就出来了。

王芗斋先生提出来站桩的法则是练"提"，正是因为大家都是觉着向下垂着舒服，便更应向上去练。

站桩的时候，要求面部的表情要似笑非笑，嘴角微微上扬。要求站桩的身形向下顿，气要向上提。要求头顶项竖，往上一旋；手臂往上一拧、手掌向内一翻往上抬起一抱；脚和腿的拧裹，也是向上提……处处都体现着"反重力"。

站桩如果内在没有拧裹钻翻，怎么站都做不出"提"来，提一定是有一个旋劲向上，头顶、脚、腿、手臂、手掌都要旋。

那么，怎么才能把握好这个"旋"呢？

站桩时身体内在如头顶、手臂、腿等向上提，提的过程中，就会产生"旋"这种看不见的力。像小腿的拧裹要有拔地欲飞的感觉，就如同田径运动员在跑步发令枪响之前，裁判员喊"各就各位、预备"时的感觉，蓄势待发铆足了劲儿随时准备要飞起来。

手臂环抱的时候，王先生讲要"撑三抱七"，向外撑的力是三分，向内抱的力是七分，手往回抱的时候把胸往上提，打开，同时也含胸，就像含糖似的，不能吐也不能吞，胸既要打开又要含着，是个来回吞吐的劲儿，和提顿一样是一对矛盾力。

要返回先天自然的状态一定要找到这样的矛盾力，也叫天地劲儿，你才能感受到自己的存在。

可以想象身体各个部位夹球、抱球、坐球的感受，体会提顿之间的矛盾力。

2 虚中求实，以意控形

"八虚"是指人体的八个部位，两肘窝、两腋窝、两髀（腹股沟）、两腘窝（腿弯）。

《黄帝内经·灵枢·邪客》中说："凡此八虚者，皆机关之室，真气之所过，血络之所游。"八虚养生则是运用一定的方法，来护养人体使用率最高的八大部位，增强其灵活性，促进气血畅通，保持身体的年轻与活力。同时，八虚也是人体最易产生气血淤阻的部位，这些部位又与五脏息息相关。欲让五脏相和，八虚必然要气血通畅充盈。所以，八虚的养护历来受到养生家们的重视。

桩功的要求就暗合了对人体八虚的调整，所以站桩时要有意识地锻炼"八虚"。

例如在站桩的时候，调理心、肺、肝要将意识放于两腋下，犹如夹了个馒头，把肝胆经（肝胆经从腋下走）疏开，有疏肝理气之效。两肘横起来（沉肩坠肘、心包经、肺经过肘），心肺才能打开，胸中的淤阻之气自然就能释放出去，有开胸顺气之效。心肺功能差的人尤其要注意肘的意念和姿势。

脾胃不调的人，要把意识放在两髀，此处是胃经和脾经循行之处，似坐非坐的状态有健脾养胃之效。

腰背痛、肾虚、前列腺肥大等的患者，要将意识重点放于两腘窝，此处是膀胱经与肾经所经之处，双膝微曲，似蹲非蹲，有强腰壮肾的功效。

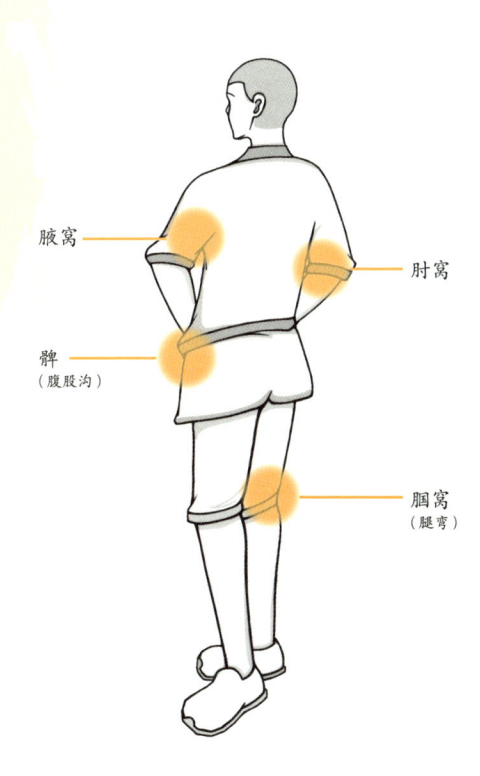

腋窝

肘窝

髀
（腹股沟）

腘窝
（腿弯）

3　以形控意，以意固形

　　站桩中的以形控意，同时也是以形控气，有助于加强周身气血的运行，让人体平时极难运动的部位得到锻炼。在虚中用功夫去求实，这也是站桩的奥妙所在。

　　站桩时，表面看一动不动，其实身体内在有一种无声的交流，我们要意识到这种内在的联系。以形控意就是用形来控住意识，专注于体会"三夹两顶"（三夹：下巴和锁骨夹、腋夹、指夹；两顶：头顶、指顶），有没有顶、有没有夹，手三里穴和足三里穴吃上劲没有。

　　以意固形，就是用意识关注姿势，让这种意一直保持着。即使心猿意马，你只要抱着、站着，时时思考一下要领，意识就不会散乱。

4 舒适得力，循序渐进

站桩时或者站桩后，会有一些生理和心理的变化。有些人站桩很愉悦，有些人很烦躁，有些人站完以后不停地打喷嚏、吐痰、排气、打哈欠、腹鸣甚至腹泻；还有人出汗，浑身有震颤感、哆嗦抖动。饮食和睡眠方面，要么吃得多，要么不想吃，要么猛睡，要么不睡。

这些都是站桩的一些反应，该吐就吐，该排就排，原则就是舒适得力，不用太紧张，这些都是气机调整的表现，清气上升，浊气下降，是人在返回先天的过程中清除了体内多余的东西，身体调节好了或病愈之后自可消除。

七 | 站桩前的准备

1 调整脊柱关节

站桩之前一定要先调整脊柱关节，保证形正气顺。

为什么要调整脊柱关节?

如果站桩时形体不正，胸椎、腰椎、骶髂关节存在错位，有可能越站身体越坏，甚至意念过重还会诱发其他疾病。

怎么才能知道自己的形体正不正?

一个非常简单的方法就是观察自己的鞋底。

- 如果鞋底两边的磨损不对称，则说明你的脊柱已经失衡。

- 如果鞋底两边的磨损是对称的，说明你的脊柱是中正健康的。

> 如果有上述不对称的情况，应尽快找专业的医生把身体中筋的出槽、骨的错缝、小关节的微小位移给调整过来，然后再站桩。

2 解除束缚

站桩前，应排净大、小便。

站桩过程中不要憋着

如果你站桩前已排净了大便，但站桩当中又有了便意，也不要憋着，马上把它清出去，回来再站。

为什么会有便意？

这是由于站桩过程中两个足三里穴都在受力，加快了胃肠的蠕动，这才有了便意，它会迅速帮我们把体内多余的一些浊气、邪气和一些残存的宿便，排出体外，不是一件坏事。

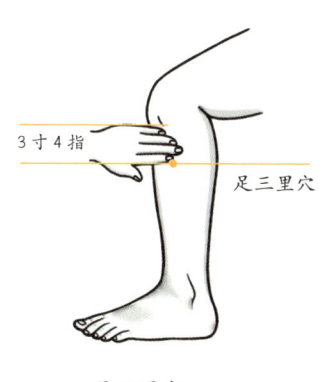

3寸4指　足三里穴

足三里穴位置示意

体内的束缚解除了，还需要解除哪些体外的束缚呢？

要体会站桩时没有任何牵挂跟负担的自在，以更好地收心。

- 把手表、眼镜、首饰等多余物品取下
- 把衣扣、腰带松开

147

3 找准时间和时段

如果不找准时间和时段，站桩不但不能令人受益，反而会伤身。

时间

时间特别充裕的话，每天早起后或者是晚上睡觉之前，可以拿出一个小时的时间站桩。
时间可以由短而长，循序渐进。
一天当中也可以利用零散时间站10分钟、20分钟，慢慢累积。

> 提示：饭前、饭后一小时不宜进行站桩。

时段

在锻炼时段的选择上，阳虚的人应该在上午锻炼，阴虚的人应选择下午或傍晚锻炼。

上午太阳初升，阳气比较盛，适合阳气不足（阳虚）的人站桩。

> 阳虚是机体阳气不足所表现的证候。通常表现为畏寒肢冷，口淡不渴，神疲乏力，尿清便溏，舌淡苔白，脉弱。

下午或晚上太阳逐渐西沉或完全落山，阳气减弱，适合阴虚之人站桩。

> 阴虚是人体阴液不足所表现的证候。通常表现为五心烦热，潮热盗汗，咽干颧红，二便秘结，形体消瘦，舌红少苔，脉细数。

4 选对环境

不必选择特别的场地，做到以下三点就可以了。

温度适宜　夏天要选择一个蚊虫少的地点，秋冬天气寒冷不宜在室外，应选择室内。

周遭安静　站桩入静时是会出神的，要减少噪音干扰，避免受到惊吓。

立于避风处　最忌迎风站立，因为"风为百病之长"。穿堂风、脑后风等，站桩时都要注意避开。站完桩身体会微微出汗，这时更要避风如避箭。

风气循风府而上，则为脑风；风入系头，则为目风，眼寒；饮酒中风，则为漏风；入房汗出中风，则为内风；新沐中风，则为首风；久风入中，则为肠风飧泄；外在腠理，则为泄风。

故风者，百病之长也；至其变化，乃为他病也，无常方，然致有风气也。

——《黄帝内经·素问·风论篇》

5 把握朝向

站桩的方位选择与<u>五行学说</u>有关。

站桩方位

早上站桩朝东最好,晚上站桩则朝西最好。

朝东　　　朝西

为什么早晚方位不同?

东方为太阳升起的地方,朝东可以升发人的阳气。西方是太阳下山的方位,意味着阳气收敛。

晚上收藏精气神后睡到自然醒,人的阴液便充盈了。阴阳相济,早上起来通过站桩又能将阳气升发起来,一阳复始,则万象更新。

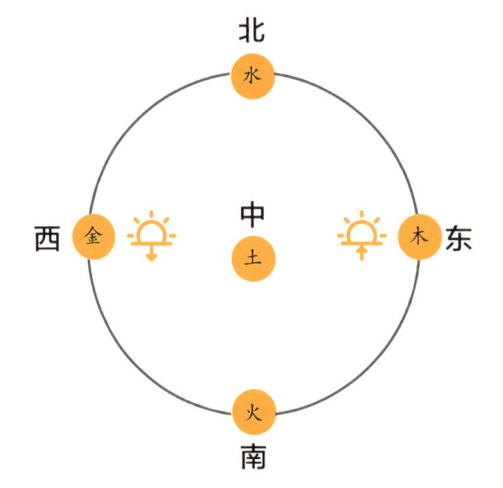

北
水
西 金　中 土　木 东
火
南

在五行学说中,东方属"木",西方属"金",南方属"火",北方属"水",中央属"土"。
太阳每天从东方升起,上升正是木的特性。
太阳每天从西方落下,肃降是金的特性。

站桩的最佳时长

时长要循序渐进，日积月累。

初站桩，每次能站10分钟就可以达到很好的效果。

一个月后如果感到站得舒适，可以延长到20~30分钟（人体气血循环一圈需要28分钟）。

稳定并感到舒适后，逐步坚持站到40分钟以上。

功夫成熟后，一次站一个小时是最合适的。

站桩的最佳状态

站到全身微微发热、出汗。感到不疲劳、精力充沛、浑身舒服便是最佳的状态。

夏天适当出汗，有助身体排毒、排湿气。站桩后半小时内要补充水分，喝温水，不要狂饮。

冬天锻炼时注意不能让自己出汗过多，流汗后要马上穿上衣服，以免受风寒。

6　热身

① 做一个简单的热身动作，用 5~10 秒钟把筋骨拉开。

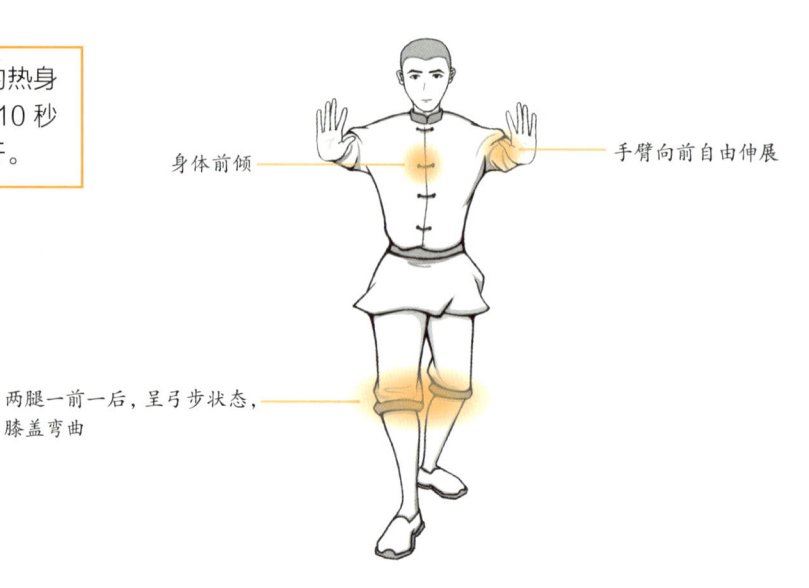

- 身体前倾
- 手臂向前自由伸展
- 两腿一前一后，呈弓步状态，膝盖弯曲

② 把肩向外向上使劲提拉，用力撑住 5~10 秒钟。

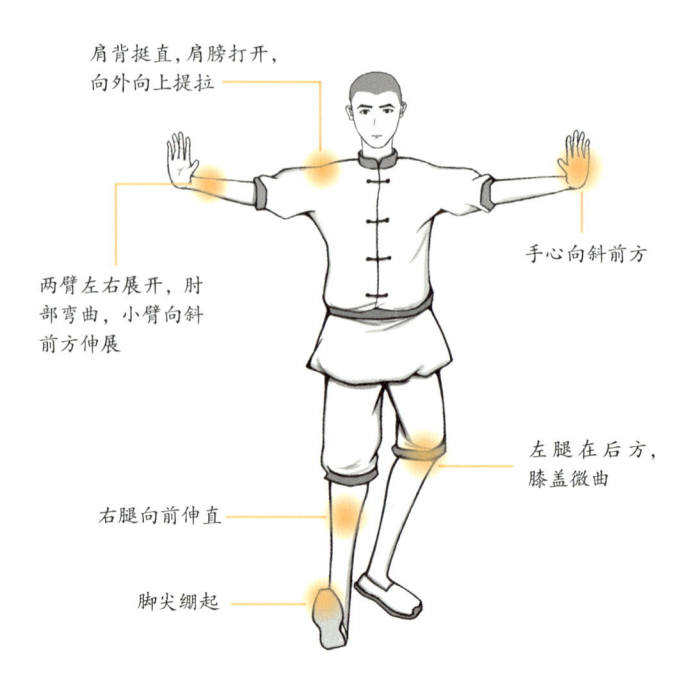

- 肩背挺直，肩膀打开，向外向上提拉
- 两臂左右展开，肘部弯曲，小臂向斜前方伸展
- 手心向斜前方
- 左腿在后方，膝盖微曲
- 右腿向前伸直
- 脚尖绷起

③ 深吸一口气，同时松肩，松手，吐气，感觉像背着一袋面，突然间把面袋放下来，如释重负。

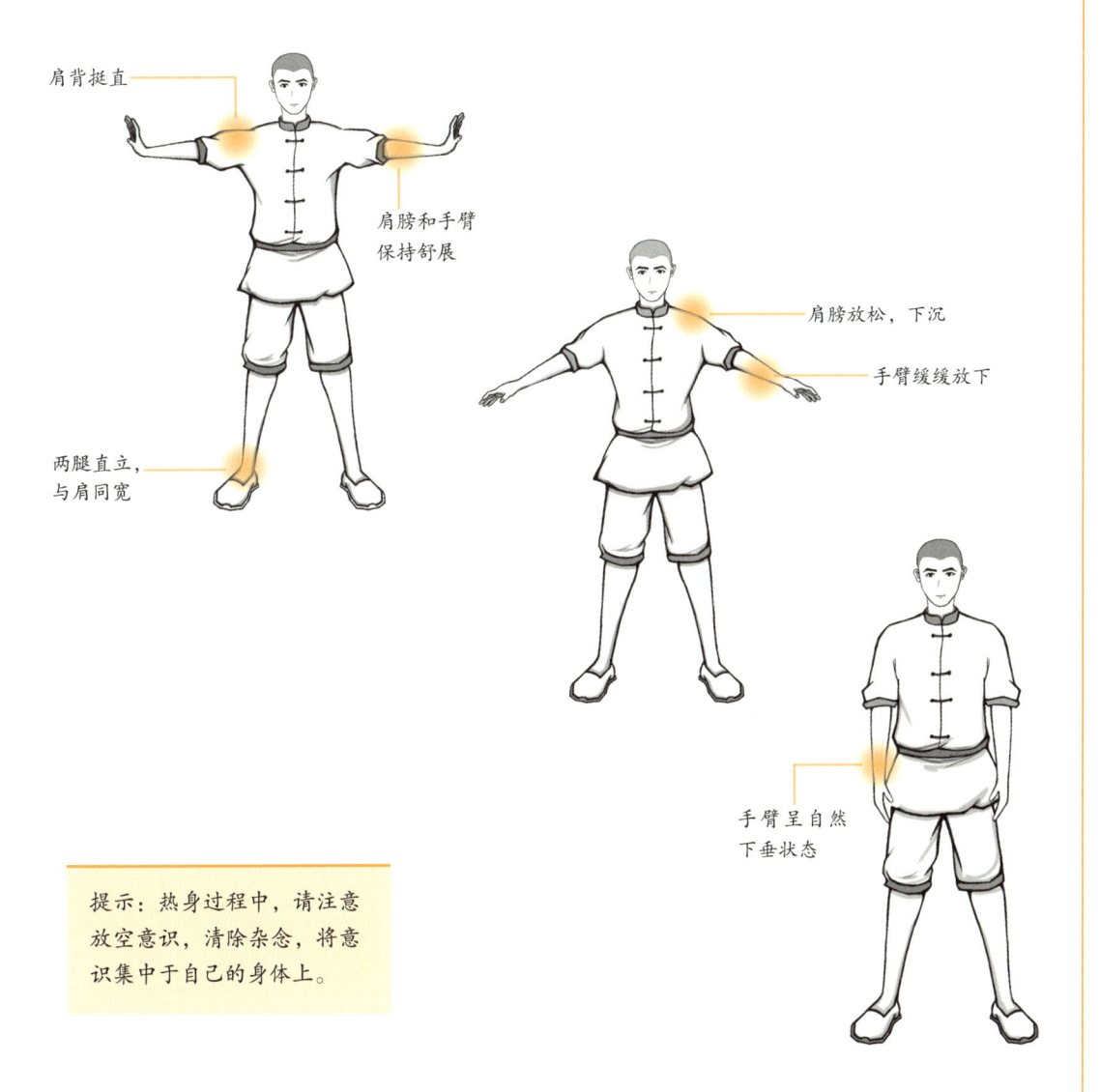

肩背挺直

肩膀和手臂保持舒展

两腿直立，与肩同宽

肩膀放松，下沉

手臂缓缓放下

手臂呈自然下垂状态

提示：热身过程中，请注意放空意识，清除杂念，将意识集中于自己的身体上。

八 收功

站桩收功是指练完桩功后的结束动作，是从静态到动态过程中的一个身心缓冲。这时，通过收功的动作我们可以从静态过渡到正常的动态生活中。

简单来说，站桩收功有两种基本方法。

1 反抱球式

手型保持不变，双臂缓缓从身体两侧反手放在后腰，手背顶在腰眼处。

之后，慢慢来回走动，回回神。

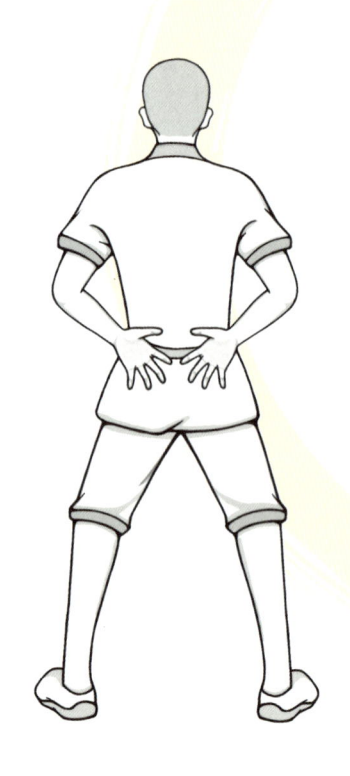

2 推心置腹式

双手叠放，从胸口处开始往下推，避开剑突，沿身体中线任脉运行方向，一直推到腹部，直至脐下。

站桩后要推腹数次，站着、躺着都可以做。

这个动作可以使堆积在胸口的浊气顺着任脉向下散开，自然排出体外，对于失眠、腹胀、便秘等问题都有非常明显的治疗效果。

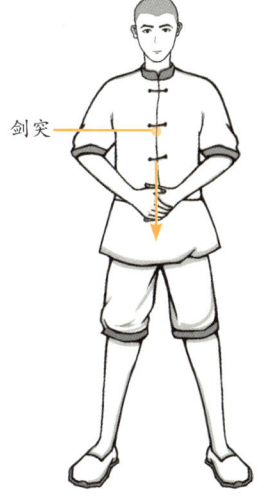

剑突

剑突位置示意

关于收不收功，我持比较开放的态度，如果不严格按以上动作来做也可以。站完后轻轻拍打双肩、双臂、双腿、搓搓手、搓搓耳，再抻一抻，拉一拉，做一些柔和的伸展动作；或者按摩手臂、双腿和膝关节等；也可以散步慢走，

总之，要让身体舒缓，把意识逐渐收回来，恢复到原初即可。

跋

北京大成拳名师武国忠先生是大成拳传人王玉芳先生之义子螟蛉，并得意拳第二代名将朱垚莘先生倾囊相授，加之天资聪颖、闻鸡起舞，造诣匪浅，实朱门第一门徒。又拜京门道医胡海牙先生研习道教医术，尤擅针灸。自古医道同源，相辅相成，拳医一理，相得益彰。拳拳服膺谓之拳，悬壶济世医者仁心谓之医，大道无边上善若水无为而无不为谓之道。武先生文韬武略各富千秋，武德、医德、道德三德兼备，堪为我辈之祭酒。

站桩为中华五千年文化之积淀结晶瑰宝。经大成宗师王芗老终身研习，出神入化更是神奇。站桩至简极理，既为休息之运动，亦为运动之休息。不用脑不费力，不用消磨好时日。无场地之限制，行走坐卧均可练习。实践证明，通过站桩的确从奈何桥边、望乡台上拉回成百上千之临危之人，实为续命之灵芝还魂之丹药。武氏将平生所学无私奉献，功德无量，吾鼎力赞之。武氏之著作付梓之际嘱予作文以记之，承此重托，敢竭鄙怀，恭疏短引，以全桃林之约。善哉、善哉！

薄家骢

2024 年 3 月 3 日

扫除万虑，默对长空，内念不外游，外缘不内侵，以神光朗照巅顶，虚灵独存，浑身毛发有长伸直竖之势，周身内外激荡回旋，觉如云端宝树，上有绳吊系，下有木支撑，其悠扬相依之神情，喻曰空气游泳，殊相近也。然后再体会肌肉细胞动荡之情态，锻炼有得，自知为正常运动。

———————————————————————— 王芗斋《拳道中枢》